山东会展业发展的文化探究

刘显世 著

山东大学出版社

图书在版编目(CIP)数据

山东会展业发展的文化探究/刘显世著. —济南：山东大学出版社，2019.11

(山东省图书馆馆员文库/刘显世主编)

ISBN 978-7-5607-6531-0

Ⅰ. ①山… Ⅱ. ①刘… Ⅲ. ①展览—产业发展—研究—山东 Ⅳ. ①G245

中国版本图书馆 CIP 数据核字(2019)第 272471 号

出版统筹:李　港

策划编辑:陈海伟

责任编辑:王　潇

封面设计:牛　钧

出版发行:山东大学出版社

社　址　山东省济南市山大南路 20 号

邮　编　250100

电　话　市场部(0531)88363008

经　销:新华书店

印　刷:济南巨丰印刷有限公司

规　格:720 毫米×1000 毫米　1/16

12.25 印张　224 千字

版　次:2019 年 11 月第 1 版

印　次:2019 年 11 月第 1 次印刷

定　价:32.00 元

序 言

会展业是文化产业的一部分。我国会展业的发展经历了一个从“事业”到“产业”的演化过程。会展业自改革开放后逐步成熟，进入21世纪后快速发展，形成了一批具有国际影响力的会展品牌。作为反映国民经济发展状况的“晴雨表”，会展业对推动相关产业转型升级、促进经济发展的重要性不言而喻。对会展业进行系统研究，理清其发展脉络，总结其发展规律，对促进会展业的创新发展具有重要的现实意义。另外，将会展业作为文化产业的组成形态加以研究，也有助于系统完整地建构文化产业的学术体系和学科体系。

与一般的文化产业不同，会展业的发展往往与地域文化、经济密不可分，品牌性的会展往往是促进区域经济发展的“助推器”。因此，选取某一地域的会展业发展情况进行重点讨论，更有助于揭示会展业对地域经济发展的拉动作用。刘显世博士基于其本人多年的从业经历和资料积累，选择1990～2014年的山东会展业发展作为研究对象，扎实地完成了本书的写作。这无疑是近年来山东文化产业研究的一项重要成果，无论对山东会展业今后的发展，还是对相关学术研究的深化，都具有不可忽视的重要意义。

阅读书稿，可以发现刘显世博士的研究有以下几个特点：一是对山东会展业的发展作了开创性的系统研究。本书通过考察山东会展业的起步期、成长期、繁荣期，分析各阶段会展业的市场特征和演化成长特征，较好地呈现出山东会展业的纵向历史；同时，本书比较了国内外会展业发展经验，将纵向梳理与横向比较相结合，极大地增强了本书的学术张力。二是从产业经济的角度充分讨论了会展业的内在发展规律和逻辑。会展业的产业关联性极高，对其他产业具有明显的带动效应。本书关注会展业的社会经济效益，着重从产业内部逻辑出发，讨论会展业的发展规律，体现了鲜明的学术探索性。三是注重对展会案例的具体分析，实现了点与面、理论与实践的结合，具有较强的对策指导意义。

这部书稿亦有美中不足之处：对山东会展业发展的宏观把握略显不足，仅就其选择的1990～2014这25年而言，其讨论的内容也有些单薄。相信作者在今后的研究中，会不断积累和完善有关山东会展业的内容，创作出更为从容且厚重的学术力作。

王育济

2019年4月22日

自 序

随着我国经济快速发展和经济发展战略转型的实施，会展业成为城市通往世界的大舞台，同时也是参与世界竞争的重要载体。会展业能够反映一个国家和地区国民经济的发展状况，其增长快、效率高的特点更能够促进一个国家或地区的经济发展。国际上诸多发达城市每年都会凭借其优良的软硬性条件举办众多大型国际性会展，借助会展经济提高其国际知名度，进而对当地经济的繁荣和旅游、文化等相关产业的发展起到巨大的推动作用。

大力发展契合可持续发展原则的会展业，有利于推动我国当下的经济发展和生态文明建设。改革开放 40 余年以来，中国的会展业逐步发展并日益走向成熟和规范，尤其是进入 21 世纪之后的 10 余年间，中国的会展业进入快速发展时期，形成了一批具有国际影响力的会展品牌。国内学界关于会展业的相关研究起源于 20 世纪 90 年代，恰逢国内会展业快速发展期，并在最近 10 余年逐步形成研究热潮。基于作者多年的从业经历和学术考量，本文选择该时期（1990～2014 年）的山东会展业作为研究对象。

20 世纪 90 年代，山东省不断推动产业结构转型，加大传统制造业向第三产业特别是教育、文化产业的转型升级力度。会展业作为文化产业的重要组成业态，其重要性不言而喻。山东省成功举办了文博会、艺术节等各种大型综合展会，产生了巨大的经济效益和社会效益，并在一定程度上提高了省内会展场馆数量和质量，加强了与会展相关服务业的配套建设，提升了山东省承接、举办展会的能力，为今后举办大型会展活动积累了宝贵经验。

在内容方面，本书从历史学学理逻辑出发，以文化产业学、产业经济学、区域经济学、文献学、社会学等学科理论为基础，结合历史与现实，系统研究国内外及山东省会展业发展历程和趋势。通过比较和借鉴国内外会展业发展宝贵的经验，本书有针对性地对山东省重要的节庆、展会进行案例分析，提出推动山东省会展业发展的相关对策。具体而言，本书的核心部分即第4～7章。其中，第4章综合评述了山东省会展经济的萌生、产业要素的培育期，这一阶段的山东省会展活动对产业的形成起到了关键性作用。第5、6章主要评述山东省会展产业的形成期和成长期，即20世纪90年代初至2014年，首先介绍处于形成期的山东省会展业在这一历史阶段发展的主要形式及产生的影响，着重分析进入成长期的山东会展业的主要形式、鲜明特征及对社会产生的影响。第7章分别通过对山东省重要的节庆活动(中国“十艺节”和各地区的特色节庆)、会展活动(历届山东省文博会)的梳理分析，进一步探讨山东省会展业发展趋势。通过以上分析，第8章提出了山东省会展业要不断加强优势、突破瓶颈，对会展业的发展进行了科学的展望。

从目前已有的中外文献来看，选取产业发展历史作为研究视角具有一定的独特性。本书主要从山东省会展经济从要素培育到产业形成与成长的生命周期角度分析和研究会展业的基本规律和发展趋势，通过对山东省会展业的形成、成长及典型案例的考察，分析了各阶段会展业的市场环境和演化成长特征，实现了纵向考察和横向比较的多维度研究。为全面了解山东省会展业，本书梳理和总结了国内外会展业发展经验，借鉴和探讨了会展业的发展路径，具有较强的实践指导意义。

笔者从事文化工作多年，对山东会展业发展这一主题的关注亦有10余年时间，深感涉及内容繁多无绪，从产业发展历史的角度出发或有助于理清脉络。本书主要框架内容虽已大体完整，但在理论研究的深度和广度上还有待提升，恳请读者不吝赐教。

作　者

2019年5月

目　录

第1章　会展的概念及相关理论

1.1　会展及会展业

1.1.1　会展的含义

截至目前，虽然会展已经发展壮大起来，但是并没有一个被业内人士统一认可的关于会展含义的表述。由于每个国家的会展相关领域的学者具有不同的学术背景和研究思路，因此对于会展的定义千差万别。但是，国内外学者一致同意：会展是一个综合性的平台或载体，各行各业人士通过这个平台或载体进行物资交换、思想交流并最终达成合作意向。当今社会的会展是经济发展到一定阶段的产物，它能够反映企业的品牌形象、文化理念，同时也能够体现出一个社会的整体经济文化现状，成为当今经济的一个重要增长点。一般认为会展分两层含义，即会议和展览。广义的会展包含了其一切外延，比如各种国际国内会议、博览会、各种展销会议、体育赛事及节庆活动等；狭义的会展则仅指不同参与者聚集在一起形成的展览及各种会议的总称。① 会展不但能够搭建一个供不同人群进行物资交换、思想交流和商务合作的载体，而且能够铺设一条展览企业对内交流和对外洽谈的道路。国际上将会展称为“MICE”②，可见会展在国际上通常被认为包含会议、奖励旅游、专题讨论和展览。

---

① 侯汉坡，宋延军，祝明亮. 基于双因素理论的城市会展业影响因素研究[J]. 开发研究，2009(6)：63-66.

② MICE 由 Meeting，Incentive travel，Conference 与 Exhibition 四个术语的首字母缩写组成。

1.1.2 会展业的含义

一般来说，当会展活动或会展经济发展到某一阶段，它就可以作为一个新的产业立足起来。因此，会展业的含义可以理解为：当会展活动足够成熟且能够独立存在时，它就具备了产业形成所需要的基本条件，会展业也就此成长为一个新兴产业。随着生产水平的不断提高，会展活动随着经济的发展和资源配置方式的创新由简单的交易形式逐渐发展成为具备经济贸易、商务洽谈、合作交流等各种用途的新的业态形式。另外，会展活动还间接地实现了文化思想的碰撞与交流、国际伙伴的合作与创新、会展形象的重设与完善，会展活动的积极作用开始逐渐凸显，从而有助于会展业发展壮大成为一个综合性较强的朝阳行业。

作为文化产业的重要组成部分，会展业是伴随着政治、经济、文化、社会等各个领域共同发展成熟而形成的。从经济学角度考虑，会展产业规模的壮大会在很大程度上带动当地的经济发展，它的日渐成熟会引起社会各界的广泛参与。相关部门开始不断地设立和实施具体的法规章程，行业协会也起到模范带头作用，引导会展产业走上规范化的发展道路。

1.2 会展业的相关内容

1.2.1 会展业的特点

通过对大量相关文献的深入解读与研究，会展业的特点可以归纳为以下几个方面：

1. 绿色、环保

会展及会展的相关产业均属于第三产业的范畴，它最大的特点就是不会产生任何污染，具有绿色产业的特征。首先，作为文化产业的重要组成部分，会展业通过搭建绿色、环保的平台或载体，促进相关企业和个人之间文化思想的碰撞与交流、物资展品的交换与买卖以及合作项目的洽谈与运作；其次，会展业包含了第一、二、三产业的部分企业，通过会展这一平台能够不断产生新的思想、技术和方法，使三大产业循环发展。

2.快捷、高效

会展业的快捷性体现于它投资回报快的特点，政府或企业、事业单位在会展业投入的资金，一般能够在会展期结束后实现快速回报，并能够在传播城市形象、特色品牌等方面产生深远的社会影响。首先，会展活动带来了巨大的经济效益。据相关部门统计，会展活动的开展所带来的短期、长期效益都遥遥领先于其他行业，会展业的整体盈利额大概能达到25%。[①] 其次，会展活动也带来了丰厚的社会效益。会展活动的开展不但加速了当地场馆的扩建改造，而且带动了住宿餐饮业、旅游业等相关产业的融合发展，为城市综合建设贡献了重要的力量。

3.互动、关联

会展业是一个关联性较强的新兴行业，会展活动的开展正向推动了住宿餐饮业、建筑设计业、旅游规划业以及创意文化业等多行业的成功融合和积极运作。一个城市通过开展一项会展活动所带动的各行各业的经济效益非常明显。一方面，会展业的发展需要一套高效率、高质量的服务体系作为支撑，从而带动这些行业的诸多环节；另一方面，大型会展活动的举办能够加速当地城市的建设，促进城市整体服务水平的提高，带动其他相关产业的发展。同时，会展业的涉及范围较广，关联性很强，有助于培育新兴的产业群体，可以直接或间接地带动相关产业的发展。

1.2.2 会展业的属性

会展业的属性因不同的研究对象、研究角度而大相径庭。由于会展活动类型、会展经济的涉及领域以及会展市场的开放程度的不同，会展业属性的评价标准也就有所差异。首先，会展业作为一种市场形式，能够在生产者和消费者之间搭建起一座沟通的桥梁，在短时间内将买卖双方集聚在一起，使其能够面对面地沟通交流、完成交易。从这一角度看，会展具备商业活动的属性。但是，会展业同商业活动又不完全相同，它不能够像商业活动那样以货币为媒介从买卖双方的差价中获取利润，会展的特点是能够以信息为主要媒介，通过信息的收集整理及传播创造价值，为交易活动提供平台及信息服务，从中取得利润。其次，从对城市的影响作用

---

① 郑芮，田晓霞．德国会展业发展对新疆发展会展业的启示[J]．旅游纵览（下半月），2013(12)：364-367.

来看，会展业能够产生聚集经济效应，通过聚合大量的生产者、消费者、商品、信息等要素，在特定的时间和空间范围内，体现其聚集属性。会展业的这一属性能够产生多种形式的经济效益，同时这种聚集作用能够使各种思想和文化相互交流，为学习与传播新知识、新文化提供平台。

1.2.3 会展业的功能

很多学者将会展业称为“知识大会餐”，因为会展兼具了各种功能，如经济、政治、社会、教育等。会展业是商品展示与销售、信息与文化交流、资金融通与投资等领域的新兴产业，它能够推动社会的进步、经济与贸易的发展，从而使举办城市的政治根基更加稳固，城市的建设水平进一步提升，改善民生，优化环境，增强公共服务能力。

1. 经济功能

会展业在经济方面的功能主要有两个方面：一是直接带动作用，主要表现在，在会展活动期间，会展产品、会展服务通过交流、共享和交换产生直接经济效益。德国、美国、意大利、西班牙等国际知名会展发达国家每年都会因开展会展活动获得巨大的直接经济效益。二是间接带动作用，主要表现在举办会展涉及众多行业，包括服务、交通、旅游等多个领域，会展能够带动这些相关产业的发展。国际博览会联盟（UFI）的统计数字显示，会展活动带动的直接经济效益只占到总效益的20%，而大部分的效益都来源于间接领域。会展活动的开展带来了巨大的反馈效应①，增加了住宿、餐饮、建筑、旅游等相关产业的积极运作，也推进了关联部门后向效应②在各个领域的拓展。从旁侧效应③方面考虑，会展业的带动作用包括拉动城市金融、保险、市政、环保等行业的发展，同时还能带动相关产业对人才的培训。

---

① “反馈效应”原是物理学中的一个概念，是指把放大器的输出电路中的一部分能量送回输入电路中，以增强或减弱输入信号的效应。心理学借用这一概念，以说明学习者对自己学习结果的了解，而这种对结果的了解又起到了强化作用，促使学习者更加努力学习，从而提高学习效率。反馈效应可以指导企业管理和学习工作，是一个非常重要的管理学定理。

② “后向效应”就是指一个产业在生产、产值、技术等方面的变化引起它后向关联部门在这些方面的变化。

③ “旁侧效应”是指主体产业的发展会带动社会生活方方面面的进步。

2. 政治功能

在发展初期，会展业主要是全能政府型或者政府主导型，这在一定程度上保证了会展活动健康有序的开展，同时政府也通过开展会展活动来宣扬政治观点和政治立场。举办以政府为主题或与政府相关题材的展会能够极大地提升政府的政治形象，有助于稳固政治根基，此类展会包括政府部门组织的成果展览会、模范学习会等。会展业的发展离不开政府的支持，会展场馆的建设、会展法律法规的制定、会展行业优惠政策的实施等都离不开政府的支持，可见政府在会展行业中的地位尤为重要。

3. 社会功能

在会展业的发展过程中，它的社会功能也在不断得到凸显。随着会展活动的开展，当地的场馆资源得到了有效的改善，城市的基础建设得到了有序的开展，会展业的社会功能得到了充分的发挥。例如，2010 年夏天在上海举办的世界博览会投入资金约 3000 亿元，其中就有约 1/3 的资金用于上海市的基础设施建设。① 同时，会展产业能够提升举办城市的知名度，城市举办成功的会展活动会引起人们的广泛关注。纵观历史，曾一举成名的展会不计其数，不但提高了当地的知名度，而且还带动了当地旅游、文化等相关产业的发展。以著名的亚洲博鳌会为例，博鳌曾经只是我国海南省琼海市一个名不见经传的小岛，却因举办亚洲论坛年会而闻名世界。目前，博鳌每年接待国内外会议 100 多个，还能吸引大量的游客前来旅游。会展业的发展还会带来更多的市场就业机会，包括场馆布置与安装、会展期间的接待服务等。据国际展览业联合会的估计与测算，会展场馆每增加 1000 平方米，就业机会就会增加 100 多个。②

4. 教育功能

会展就是一个生动的教学实验室，具有很强的体验性。会展的举办能够传播大量的信息，同时，在组织、协调展会的过程中，各种主体之间互相沟通，可以使人们的技能得以提升，这种活动带来的实践体验是课堂教学所不能比拟的。会展参与对象的广泛性也对全社会的教育普及工作起到一定的作用，这种教育是一种广泛的社会教育，涵盖行业众多，就像知识的“大聚餐”，给社会大众带来知识的盛宴。

---

① 李新瑜. 浅析郑州市会展业的发展现状及对策建议[J]. 商业文化，2011(8)：51.

② 金辉. 会展概论[M]. 上海：上海人民出版社，2004：169.

1.2.4 会展业的发展条件

会展业的发展需要一定的基本条件，这些基本条件包括会展所在城市的基本经济环境、会展所需的硬性与软性条件等。

1. 会展业发展所需的城市基本条件

优秀的会展业发展需要一个城市或者国家有较强的综合实力，包括城市的自然环境、市场容量、配套设施、经济发展水平等。全球知名的会展发达城市，如德国的汉诺威、意大利的米兰、法国的巴黎等，无不得益于这些城市优越的基础条件，其中包括区位优越、交通便利、消费群体庞大、基础设施齐全等。例如，意大利的米兰一直都因时装展览闻名世界。米兰地处意大利的西北部，是欧洲南部重要的交通枢纽。米兰拥有整个欧洲最密集的人口，为会展的成功运作提供了庞大的消费群体。另外，米兰的都市建设水平一直处在欧洲的前沿，这为时装展览的完美开展奠定了坚实的基础。再如，世界上知名的会展城市德国的汉诺威，交通极为便利，铁路系统较为完善，而且紧邻运河，是德国重要的交通中心，并且汉诺威一直以高度发达的工业著称。①

2. 会展业发展的硬性条件

会展业的成功开展要求基础设施建设较为完善，即具备完备的硬性条件。例如汉诺威，它就拥有一整套完备、齐全、科技含量较高的展馆及配套设施。一般来说，大型展馆是由若干小型展馆构成的，各个展馆之间有通道相连，展馆的配套设施也相对齐全，可满足会议、报告、洽谈、休息等需要。此外，会展所需的金融、质检、海关、广告等行业也都是硬性条件，能够满足会展参与主体全方位的需求，促成会展的成功举办。

3. 会展业发展的软性条件

会展业发展的软性条件主要指社会各个部门的大力支持和协调配合，包括政府部门对会展业在政策、资金方面的支持等。会展业的发展涉及范围较广、规模较大，需要国家或地区的政府部门通过投资或出台相关的法律法规予以支持。同时，会展业的发展对于一个国家和地区的经济影响深远，所以各行各业都要大力支持会展业的顺利发展，把会展业当作对外展示的窗口，切实完善会展业发展的软性条件。

---

① 黄恺，徐一帆. 德国会展业分析及其对入世后中国会展业的借鉴[J]. 世界贸易组织动态与研究，2005(7)：19.

1.3 会展产业生命周期理论

1.3.1 产业生命周期理论概述

1982年，美国学者戈特和克莱珀通过对46个产品最多长达73年的时间序列数据进行分析，按产业中的厂商数目进行划分，建立了产业经济学意义上第一个产业生命周期模型，该模型及相关研究为产业的阶段分析提供了理论依据。就研究层面而言，产业的发展先后经历幼稚期、成长期、成熟期和衰退期这几个时期。在产业成长的前两个时期，产业成长曲线近似为S形。在产业成长的后两个时期，产业的生命周期曲线就会分成两个方向：一个方向是产业能够长期处于成熟阶段，形成较为稳定的产业类型；另一个方向是产业进入衰退期，逐渐退出市场。

幼稚期又被称为“初创期”。在这一时期，产业刚开始显现出基本特征。由于产业从有到无，企业和民众对这一产业的了解不够、信任不足、投资不多。在这一时期，产业刚开始进入市场领域，缺乏完备的软性和硬性条件，相关联企业的经济效益和社会效益都没有充分显现出来。这一阶段的产业存在较大的进入风险，市场增长率较高，需求增长较快，产业中各个行业的用户及企业通常致力于不断开发新用户、尽快占领新市场，倒逼企业不断创新、提高技术、降低成本，从而推动行业向成长期发展。

成长期又被称为“发展期”。在这一时期，产业的基本要素开始慢慢健全。政府开始支持并主导，相关联企业开始加大投资力度，消费群体开始对其产生需要，产业随之发展壮大起来。在这一阶段，产业中的产品已经逐渐被消费者接受，市场需求上升，随之带动供给方面企业数量的增加，产品类型由过去的单一类型向多样、低价方向发展，在产业中出现了竞争的正常局面。竞争会导致市场需求的饱和，生产厂商要通过提高生产技术、创新生产及产品取得竞争优势。这一时期的产业特点明朗，企业的进入壁垒提高，产品品种和竞争者的数量也在不断增多。在成长阶段后期，市场需求基本达到饱和，产品的销售增长率减慢，整个行业进入了稳定期。

成熟期又被称为“繁荣期”。在这一阶段，产业基本要素、基本特征都已完善化。龙头企业的市场占有额开始迅速扩大，产业的消费群体达到最大，产业的经济效益和社会效益得到了最大化的显现。市场的竞争手段转向以提高质量、改善服务为主，产品价格相对较低。在这一阶段的行业增长速度有可能会放缓，需求增长率处于较低水平，整个行业的赢利能力有所下降，行业进入壁垒较高。

产业衰退期是指产业经历了较长的稳定阶段后，产业的市场需求逐渐减少，产品销售下滑，产业中企业数量减少、利润下降、市场萎缩，进入了生命周期的最终环节。

1.3.2 会展产业生命周期概述

会展提供的产品通常以创新成果的方式表现出来，这就意味着一项会展活动结束后，就有新的会展活动策划运作进行，进入成熟期的会展业可以通过不断开发新的会展活动寻求产业的增长点，使会展业能够保持长期稳定的状态。

产业规模上呈现出增速由较慢到较快，再到放缓直至稳定的状态。在会展业的生命周期中，产业的市场结构会呈现出由初期较少的企业竞争，到企业逐渐增多、市场竞争加剧，再到市场中出现主导企业、形成一定程度的垄断，最后到产业中出现大量企业的兼并和破产的过程。

第2章　会展及会展业研究现状

会展业学术研究发端以来，对于会展业的基本理论，不同学者从不同角度进行了学术界定。学者们一方面对会展业推动宏观经济稳定增长，带动餐饮、娱乐、旅游、运输以及通信等相关产业的联动效应进行了积极探索，并对我国会展业的发展对策进行了研究；另一方面，也比较了国内外会展业的发展现状等。通过上述多方面探究，可以总结出我国会展市场的研究现状、产业特征、发展历程和优势劣势。另外，通过与国际上会展发达国家的会展品牌相比较，能够洞悉在未来发展中需要进一步重视的理论和实践问题，能够有效推动我国会展业的发展，进一步发挥经济拉动作用，尤其是对山东省会展业的发展实践具有较强的指导和启发意义。

2.1　会展业基本理论研究

会展业基本理论研究较为成熟且深入，涵盖会展相关概念、原理、历史等内容。关于“会展”的概念，一直以来存在着狭义与广义两种观点：狭义的观点认为，“会展”即会议和展览的简称，这种观点主要存在于早期的研究中。随着研究的逐步深入，更多的学者倾向于广义的会展概念，即将会展的定义拓展到“活动”的概念上，如马娜等依据活动的角度解读会展的内涵与实质，认为“会展活动应是一定时间、一定地域内由多人集合起来进行物资交换、文化交流等多领域互动活动的一种形式”①。会展活动多种多样，既包括会议举办、展品陈列，又包括体育赛事运作、旅游项目开展、节庆活动举行等一系列活动。傅慧指出，“会展是会议、展览、展销等集体性活动的简称，是在一定地域和空间里，由多个人或多个单位聚集在一起形成的定期或不定期的、制度或非制度的集体性活动，会展包括各类大型会议、地方及民族节庆、展览展销活动、文化艺术表演、体育竞技活动以及各种商品交易活动等”②。由此可见，“会展”一词的广义化定义已经成为学术界研究的一个共识，其定义即为“会议、展览会和节庆形式的综括”。具体到不同的活动领域，“会展”是多个国家、多类企业、多种项目、多种人群为了政治、经济、文化、生活等方面的展览、合作、交流、分享等目的而聚集在一起的某个载体或者某个平台。总体来讲，会展业囊括生活的各个方面，具体包括文化类、历史类、艺术类、科技类等类型的产品与服务。在会展场馆内，各个参展集团和每个参展人都能欣赏到来自国内外的优秀会展成果，并且能够交流意见建议，还可以间接地促进各个国家、各个城市的经济、文化等领域的合作与交流。会展产业的基本运作模式涵盖了展品陈列、会议开展、体育赛事和经贸合作等方方面面。鉴于工业产品和服务产品种类繁多、潮流性强的特点，展销会是一种很好的商品销售形式，通过举办展销会能够增强商家的市场观念，提升营销能力，有利于厂商和客户间直接沟通经济信息，扩大商品流通和加强产业内横向联系。国际上很多学者就会展活动的发展历程和成功经验进行了多途径探究。美国著名学者翰伦就从会展的历史和作用两个方面作了深入研究。③ 另一位美国学者海勒在《文明的进程：世博会的发展与思考》一书中重点阐述了世界博览会的发展历程④，对新时代世博会举办思路及未来发展有着较强的借鉴意义。

---

① 马娜，邵启雍，晏绍庆. 我国会展业标准体系框架构建研究[J]. 世界标准化与质量管理，2008(11)：21-24.

② 傅慧. 我国会展业发展态势分析与路径选择[J]. 生产力研究，2007(8)：89-90.

③ Al Hanlon. Trade Shows in the Marketing Mix：Where They Fit and How to Make Them Pay Off[M]. New York：Hawthorn Books，1982.

④ [美]阿尔弗雷德·海勒. 文明的进程：世博会的发展与思考[M]. 吴惠族，译. 上海：上海科学技术文献出版社，2003：5.

2.2 会展业作用机制研究

一般认为,会展活动是文化现象和经济活动的双重载体,它不仅是经济活动还是文化活动,具有商品性和意识形态性的双重特征。学者对会展活动一般是通过专题性研究来揭示会展业的作用,如布劳恩认为会展相关活动的综合性影响会大大超出会展活动本身的价值,对出口产业和新的投资具有杠杆作用,如果加上间接的收入,会展活动能带来的经济效益应当是会展本身实际交易额的 2～3 倍,有研究甚至提出会展业对经济的拉动作用为 1∶9。[①] 国内会展行业研究报告认为,会展业以其强大的关联效应和经济带动作用,已逐渐发展成为促进我国经济和社会发展的新的产业亮点。[②] 据统计数据显示:2002 年,北京市召开会议以及举办大小展览共计 809 个,会展业创造的增加值同比增长达 20%,达到有史以来最高值 72 亿元,约占全市生产总值的 2.3%[③],以上数据证明了会展业对国民经济具有强大的拉动作用。在已有关于会展业促进相关行业发展的研究成果中,阿尔诺通过分析德国汉诺威世博会举办前后的投入和产出,展示了会展活动对提升地区经济总量、综合带动效应、城市发展潜力的影响。[④]。20 世纪 80 年代早期,从事旅游产业研究的知名学者米尔和莫里森首先提出:会展业隶属于旅游业态系统,具有商务性质的旅游业态系统主要有普遍型、会展型和激励型三种。[⑤] 国内学者许峰进一步提出,会展业与旅游业的相关性作用主要体现在市场开发上,通过产业融合共同推动双方经济效益的实现。[⑥] 著名学者甄明霞等从会展行业的经济效益方面阐述了以下观点:得益于带动系数的研究成果,会展产业的有力开展充分

---

① 胡平,杨杰.会展业经济拉动效应的实证研究——以上海新国际博览中心为例[J].旅游学刊,2006 (11):81-85.

② 亚太会展研究院.2014 年中国会展业统计数据分析报告[R],北京:2015.

③ 刘宏伟.对北京会展产业的思考[J].投资北京,2003(12):28-31.

④ 李瑶亭.国内外会展业理论研究综述[J].经济论坛,2009(10):16-19.

⑤ Douglas L. Ducate. The Exhibition Industry in the United States—A Look to the Future[J]. The Exhibition Industry Situation Analysis,2002(3):85-93.

⑥ 许峰.会展旅游的概念内涵与市场开发[J].旅游学刊,2002,17(4):56-59.

带动了城市经济的繁荣进步，同时也有利于推进国家的城镇化进程，会展产业与旅游产业的互动融合对本地区的政治、经济、文化、社会等各个领域都带来了很大的积极影响。①

2.3 城市会展业发展对策研究

学者们在充分认识到会展业对区域经济巨大的拉动作用的同时，也注意到制约我国会展业发展的因素，并提出了各自的解决措施，主要集中在以下几个方面：

一是加快会展业的市场化进程。张纯记提出，政府部门应在基础设施建设及城市公共配套服务等方面提升会展在市场保障力方面的积极影响，通过经济政策的制定来实现宏观调控，通过法律法规的运作来实现监管治理，从而使政府逐渐淡出会展参管领域。在充分借鉴发达国家支持会展业发展的基础上，我国政府应根据全国会展业发展合理规划会展设施布局，努力完善产业政策，引导会展业持续不断地健康发展，并逐步提高对会展业的财政和税收扶持力度。②

二是规范会展业的发展路径。会展业的规范需要依靠行业协会的努力来推进。张子正提出了行业协会的作用——行业协会是会展产业发展到新阶段的一个积极性的产物，在会展产业的发展壮大中起到了举足轻重的正面作用，它较好地实现了政府指导与企业运行之间的杠杆作用。③在市场社会化程度还不充分的条件下，当一种经济形式的社会活动偏离经济轨道时就需要进行政策协调。作为一种新兴产业和新的经济运作模式，会展行业在几十年的发展历程中经常会出现“活动断层”——与一般经济规律相左的新趋势和新特征，这就需要像会展协会之类的专业机构进行有效的带动、指引和规划，这也就从一定意义上要求行业协会的政府

① 甄明霞，欧阳斌. 会展经济——城市经济的助推器[J]. 产经评论，2001(10)：42-44.

② 张纯记. 中国会展经济的发展现状、问题与对策[J]. 北京市经济管理干部学院学报，2006(2)：40-43.

③ 张子正. 从长三角都市圈看浙江会展业发展准入条件[C]. 中国会展经济研究会学术年会，2006 年.

认证或授权许可。

三是充分挖掘会展业的发展内涵。品牌化和特色化的吸引力是会展活动成长和发展的不竭动力,作为会展活动内涵之一的节庆活动对特色的要求更高。唐婧从文化节庆活动的经济效益角度出发,以衡山寿文化节为典型会展实例进行研究,得到如下结论:寿文化节的开展成功地开拓出具有地域特色和文化特色的节庆活动,从而为衡山的地区生产总值的扩增贡献了一份重要力量。①

四是创新区域会展业的发展模式。相关学者从会展业最新发展趋势入手,借鉴国外城市会展业发展经验,探讨符合我国实际的城市会展业发展模式,针对性地提出相关对策建议。徐祥生通过研究上海发展会展业的实例,提出上海会展业的发展应立足国际化的视野,以规范化为目标,加强与国际间的交流。② 谢臣英等通过研究广州会展业的发展实例,提出广泛借鉴德国会展业发展经验,大力实施走出去战略,打造广州特色国际会展业品牌。③

五是强化会展相关人才的专业化、素质化教育。人才是产业发展和壮大的坚实基础。陶莉指出,各个城市应该积极开发丰富且高质量的高校教育资源,同时还要加强对会展从业人员的在职培训和进一步培养高素质专业策划、管理人才,打造一支既有管理经验又懂会展业务的专业会展团队。④ 甘丽通过调查研究国内高职类、高专类院校的会展学科、会展专业的教育现状,有针对性地提出了通过“双师型”的教师队伍建设,重点培养专业化、素质化的会展相关人才,另外,还要积极引进高素质人才及学科带头人,培养出一批具有专业知识和实干精神的会展从业人员。⑤

---

① 唐婧.旅游景区深挖文化旅游节庆产品价值的效益分析——以衡山寿文化节为例[J].文史博览,2006(2):71-72.

② 徐祥生.加快上海会展产业的规范发展[J].上海商业,2004(10):19.

③ 谢臣英,杨叶飞.关于广州加快国际会展业发展的思考[J].经济师,2002(2):95-96.

④ 陶莉.浅议我国区域会展经济问题与发展对策[J].商务周刊,2004(11):5-6.

⑤ 甘丽.高职高专会展专业“双师”型师资队伍建设探析[J].经济视角中旬,2011(11):107.

2.4 国内外会展业研究比较

从20世纪50年代开始，国外众多学者就开始对会展领域进行了有针对性的研究，并出版发表了一系列会展领域的著作，其中具有代表性的两本著作是拉克赫斯的《漫谈展览会》和泰姆普莱顿的《商人的博览会和展览会》。① 1982年，美国学者翰伦阐述了外贸博览会的历史、缘起和意义，探讨了会展活动的展陈设计、成本控制、客户市场、价值评估等环节的运作原理。② 1991年，美国Prentice Hall出版社出版了克里斯汀·克里斯曼的专著《贸易博览会展示大全》，该书重点阐述了会展行业的组织、策划、运作等相关领域的开展情况。《展览学概论》③《中国展览史》④《展览知识与实务》⑤则是国内较早研究会展业的学术著作。总体而言，国内外对会展业的研究侧重点有所区别。

一是研究对象的范围不同。通常情况下，国外是从广义的会展业入手，对会展业进行全面产业研究。研究范围包括会议、展览、展销、大型活动、体育赛事等。而国内的研究则较多聚焦在具体的会议和展览方面。

二是研究方法不同。国外研究一般是获取具体实例的详细数据，用具体的产业数据论证，从微观层面上进行分析，以个体见整体。国内的学者主要着眼于整个地区或国家会展业的发展，运用宏观经济理论、区域理论来解读产业发展，如关于会展业对整体经济结构的影响、会展业与城市品牌形象的关系研究及相关可借鉴的成功经验等。

综上所述，在会展业发展实践和理论研究齐头并进的情况下，国内外对城市经济增长和经济结构转型与会展业发展的相互关系的研究尚不成熟，对会展业如何着眼于构建产业平台、有效地带动整体经济的发展以及会展业对于城市经济的拉动程度等都有待进一步深入研究。

---

① 林金枫.哈尔滨会展经济发展研究[D].哈尔滨:哈尔滨工程大学,2006:10.

② Al Hanlon. Trade Shows in the Marketing Mix: Where They Fit and How to Make Them Pay Off[M]. New York: Hawthorn Books, 1982.

③ 房干.展览学概论[M].辽宁:辽宁人民出版社,1990.

④ 潘杰.中国展览史[M].成都:电子科技大学出版社,1993.

⑤ 林宁.展览知识与实务[M].北京:经济科学出版社,1999.

第3章　会展业的演进历程

3.1　国际会展业发展述评

会展业是人类经济社会发展的必然产物。自第一届世界博览会①举办以来，会展产业发展史已逾百年。作为经济效益和社会效益高度统一的绿色产业，会展业起步迅速，并很快被欧美发达国家所重视，各国政府与民间机构对会展业投入力度不断加强。

当前，全球会展业的发展程度参差不齐，差异较为明显。从世界范围来看，欧洲会展经济整体实力最强，其中又以德国、意大利、西班牙等国的会展实力最为雄厚。欧洲的会展发达国家都具有各自完善的发展体系和运作模式。② 在此基础之上，它们还极力开拓海外市场，不断扩大各自品牌会展在国际上的影响力。此外，远离欧洲大陆的美国和加拿大，由于受两次世界大战的破坏性影响较小，经济基础得到持续巩固，也已步入会展经济发达国家的行列。相比之下，亚洲、非洲、拉丁美洲、大洋洲等受战争影响较大，部分国家国内局势相对动荡、经济基础较为薄弱，因此其会展业发展水平远远落后于西方国家。目前来看，国际会展业基本上形成了"欧美为主力，亚太为辅助"的会展整体格局。

3.1.1　国际会展业发展脉络梳理

1. 工业革命之前：会展业雏形萌生

古代的宗教、祭祀、集会、竞技等群体性活动是现代会展活动的萌芽，

---

① 第一届世界博览会于1851年5月1日在英国召开。

② 徐丹. 国际会展业的发展趋势及借鉴[J]，边疆经济与文化，2008(7)：37-38.

比较典型的实例主要有祭祀大典、封禅大典、古代奥林匹克运动会等。但是上述活动的目的、过程存在明显的时代局限性，经济现象属性较弱，因此并非严格意义上的会展活动。集市贸易作为早期会展活动的重要形式之一，是此时期会展业发展的重要缩影。中世纪之前，欧洲商业发达地区已经陆续出现定期举办的集市贸易。进入中世纪，629 年在法国圣丹尼斯举办的交易会被业内人士认为是欧洲最早的国际性贸易集市，该贸易集市开始兼具国际贸易、文化交流、休闲娱乐等功能。12 世纪以来，众多大型的综合性贸易展览活动开始萌芽，如法国以香槟为特色的集市逐步发展成为欧洲最著名的国际性集市之一。14 世纪以后，技术水平的进步与生产力的发展对传统集市的经营方式产生了较强冲击，贸易集市开始向贸易博览会的形式逐步转变。15 世纪末期出现的"地理大发现"①的浪潮，在使各大洲的联系进一步加强的同时，也促进了欧洲与世界其他地区会展活动的相互融合与相互促进。

2. 两次工业革命：会展业发展突起

两次工业革命对会展业的发展起到了巨大的推进作用。第一次工业革命的兴起使人类进入生产力解放的"蒸汽时代"。19 世纪 70 年代，电力在工业领域的广泛应用又一次提升了生产力。在两次工业革命进程中，以蒸汽和电气为主要动力的机器和各种现代工业产品先后问世，急需更加高效的市场信息交流场所和更加广阔的营销渠道。② 因此，紧随两次工业革命浪潮的英、法、德、美等西方发达国家纷纷将其贸易集市发展成为以工业产品为特色、具有较大规模的国际展览会或博览会，为大规模工业生产提供了高效的市场信息交流场所和宽阔的销售渠道。

18 世纪末，法国组织举办了工业产品大众展，这是世界上首个工业性的展览会。此次展览会对提升法国国家形象与促进对外贸易发展起到了积极的推动作用，自此会展逐步成为国际间科技文化交流的重要形式。1851 年，作为第一次工业革命发起国的英国，在伦敦水晶宫举办了第一届世界博览会，向世界展出了蒸汽发动机、纺织机械等各种现代工业产品。

---

① 15～17 世纪，欧洲船队纷纷开辟新航路，寻找新的贸易路线和贸易伙伴，以发展欧洲新生的资本主义。

② 中华人民共和国商务部. 德国展览业的成功经验及对我之借鉴意义[EB/OL]. [2013-03-28]. http://www.mofcom.gov.cn/article/i/dxfw/jlyd/201303/20130300070767.shtml.

这次博览会被业内视为重要的里程碑，在对后世产生了深远的社会经济影响的同时，也奠定了此后各届世界博览会的基本举办模式。19 世纪末，随着西方市场经济的发展和对外贸易需求的进一步提升，单纯的展示性会展开始逐步与商业贸易相结合。1894 年，德国在莱比锡市举办了首届国际工业样品博览会，商品交易的创新性融入使得此次博览会在具有一般展会展示性特征的同时，也具备了商品交易的市场性特征，成功开创了以展示为手段、以交易为目的的新型会展形式，为现代贸易展览会的形成奠定了发展基石。

会展产业在发展过程中所出现的若干组织性问题，同时促进了国际性会展管理政策的出台和组织机构的完善。1928 年，专门用于展览会正常运作管理的第一个世界性条约是来自法国的《国际展览公约》①。1931 年，国际展览局成立，专门负责推进这一公约的正常运转。

3. 二战结束至今：会展业贡献凸显

为了尽快治愈由两次世界大战所带来的创伤，战后各国致力于经济建设和科教事业的发展，一大批因战争而停办的会展活动得以恢复，并且随着专业化的生产方式与细化的劳动分工出现，会展活动的专业化倾向愈发明显。20 世纪七八十年代以来，伴随着全球贸易额的不断增长与各国经济的交互融合，会展活动作为国际间展示、交流和贸易的重要平台，开始愈发得到世界各国的重视与支持，会展业也逐渐打破区域束缚，日益发展成为具有国际化特征的世界性产业。步入 20 世纪 90 年代以后，以信息技术为核心的第三次工业革命与以绿色生态技术为核心的第四次工业革命，推动会展业朝着信息化和生态化的方向不断前进。这一时期会展业的展出形式、展出内容与展出质量不断攀升，会展业的发展水平持续提高。进入 21 世纪以来，会展经济开始成为世界各国经济发展的重要内容之一，围绕会展所开展的一系列经贸活动不断增多，会展业对经济各部门的贡献力度日趋提升。现今，会展对一国政治、经济、文化等方面的积极作用已经得到了政府和人民的一致认可，会展行业已经成为世界各国经济发展的重要行业。

---

① 人类历史上第一个关于协调和管理世界博览会的建设性公约，后经 1948 年、1966 年、1972 年、1982 年、1988 年的多次调整修改，以《修正案》增补的形式得到不断完善。它使世界博览会的分类和举办标准不断趋于合理和科学，中华人民共和国于 1993 年加入《国际展览公约》，成为国际展览局的第 46 个成员。

3.1.2 当今国际会展业的发展格局

从国际会展业的发展现状来看，会展业在各国和各地区的发展水平是极不平衡的，欧美地区会展业的发展水平高于亚洲、非洲、拉丁美洲和大洋洲的会展业发展水平。

1. 欧洲地区：实力雄厚，数量众多

会展活动最初出现在欧洲地区。欧洲地区的会展业具有起步较早、发展较快、专业化较为明显、科技含量较高这几个典型优势。德国、英国、法国、意大利、西班牙都是会展较为发达的欧洲国家。以德国为例，德国的会展业基本上代表着世界会展经济的最高水平。首先，德国拥有一批专业化、高素质的会展人才，一整套完备且高质量的展览基础设施，并且政府制定了适合会展活动完善推广的政策法规体系，这些条件充分保证了德国会展活动高质高量的完成。① 2011 年，德国的展馆面积就已经排在全球第三位，达到 340 万平方米。德国拥有世界三大著名的会展中心——汉诺威、法兰克福和科隆。② 其次，德国展会的国际化水平较高。在德国每年举办的贸易类展览项目中，约有 48%来自于国外。③ 另外，德国的会展市场主体实力强劲。最新数据显示，按营业额度排序，世界十大知名展览公司中德国独占六席。法国紧随其后，会展业是巴黎大区最重要的行业之一，巴黎大区每年举办专业展会 400 多个，大型展览占法国 80%以上，每年参展商近 10 万家，接待观众 900 万人。展会涉及几乎所有行业，平均每天有 5 个展会同期举办，最多的时候，每天有 15 个不同领域的展会同时举办，为本地区带来超过 30 亿欧元的经济收入，创造了 5 万多个全职工作岗位。据统计数据显示，巴黎平均 44%的参展商和 31%的观众来自法国之外的其他国家，这为巴黎带来源源不断的外汇收入。④

2. 北美地区：发展迅速，带动作用显著

位于北美洲的美国和加拿大会展业的起步略晚于欧洲国家，但凭借其雄厚的经济基础和稳定的政治环境，美、加两国的会展业发展速度很

---

① 叶洪涛. 中国会展业发展研究[D]. 武汉：武汉大学，2004：10.

② 数据来源：全球展览业协会(UFI，www. ufi. org)，2012.

③ 叶洪涛. 中国会展业发展研究[D]. 武汉：武汉大学，2004：23.

④ 熊九玲. 从建设世界城市的高度思考北京会展业的发展[EB/OL]. [2011-01-05]. http://expo. ce. cn/main/ld/201101/05/t20110105_22112788. shtml.

快，目前已经步入会展经济发达国家行列。美国的会展产业受到政府相关部门的高度重视与行业协会的大力支持。目前，拉斯维加斯、奥兰多、芝加哥等已成为美国最著名的会展中心城市，涌现出美国国际展览管理协会(IAEM)、美国专业会议管理者协会（PCMA)、国际会议专家协会(MPI)等一批专业协会。① 相关部门的统计数据显示，2009 年，美国的展会数量大约达到 180 万次，吸引了全球超过 2.04 亿人次前来参观。仅 2009 年一年，会展业为美国的国民生产总值创造了将近 1060 亿美元。另外，会展活动的开展还提供了数以百万计的就业岗位。② 纽约是世界会展业之都，在北美会展业有举足轻重的地位。③ 会展业带动了纽约各个行业的发展，使其市内的交通系统、港口规模等都有了显著的提升。

3. 亚非拉及大洋洲地区：蓬勃兴起，经济特色明显

相比之下，亚洲、非洲、拉丁美洲和大洋洲会展经济的发展程度相对落后于欧美。由于这些地区大都属于发展中国家和地区，经济社会发展起点较低，导致会展业的发展水平、规模与欧美发达国家存在较大差距。但随着经济水平的不断提升，这些地区会展业的发展速度也不断加快。以亚洲为例，亚洲会展业在日本、新加坡、中国、中国香港等国家和地区的引领下，取得了一定的发展成绩。其中，日本拥有亚洲最大的会展中心，在国际会议市场排名中位居前列。新加坡因良好的自然生态和经济基础，占据了全亚洲会展业约 1/10 的市场份额。中国会展业每年约以 20% 的速度递增，会展业的巨头也开始抢占中国市场。④ 此外，韩国、泰国、以色列、中国香港等国家和地区的会展业与自身独有的文化特色相结合，具备了一定的市场规模，在国际会展业中形成了独特的亮点。日本东京国

---

① 中华人民共和国商务部. 美国会展业发展情况调研[EB/OL]. [2013-03-28]. http://mds.mofcom.gov.cn/article/zcfb/201303/20130300070655.shtml.

② 美国会议行业委员会(CIC). 会议产业对经济影响的重要性[R]. 美国，2011.

③ 根据《美国贸易展览会周刊》公布，2006 年在全美每年举办的排名前 200 位的顶级展览会中，纽约共承办了其中 16 个国际性展会，成为继拉斯维加斯、奥兰多、芝加哥之后排名第四的城市，已占全美展会展出市场面积的 8%。

④ 王丽梅，王晶. 国际会展业市场的特点及发展趋势[J]. 山东省经济管理干部学院学报，2003 (2)：51-53.

际展览中心是目前日本最大、最高级的展览中心。① 东京汽车展就是东京展览业发展的典型范例。东京汽车展的主题不但反映了物质经济层面的内涵，还在一定程度上反映了精神层面的升华。它的形式从单纯的宣传汽车发展到与舆论联结互动，它的主题变化也与日本的经济发展大事件相联结，在宣传汽车的同时，将受大众关注的大事件及动态穿插其中，使其反作用于展会，扩大了展会的经济和社会效益。②

3.1.3 国际会展业发展趋势探析

纵观世界会展经济的发展情况可以看出，会展业的发展水平与发展格局和经济发展总体状况密切相关，经济发展水平是决定一国会展实力的重要的物质基础。随着经济全球化进一步深入，国际会展业呈现出从区域到全球、从综合到专业、从分散到集中的明显趋势。

1. 主题类型：从综合到专业

会展在本质上是一种媒介，会展活动有着较强的信息传播特性。一方面是会展活动本身相关信息的传播，另一方面是对活动举办城市的文化传播。这些传播都有一个相对集中的主题，围绕会展这一主题兴建的场馆、交通设施、物流中心等，成为城市基础设施建设的重要组成部分，这种城市形象的改变与提升随着会展主题而传播开来。同时，会展举办地拥有独特的自然旅游资源、良好的城市生态环境、深厚的多元文化积淀以及突出的产业优势，这些都构成了会展的主题。业内人士普遍认为，会展业只有真正实现专业化，才能突出个性、扩大规模、打造品牌和提升效益。③ 同时，受全球化趋势影响，国际知名展览企业跨国业务规模日益扩大，促使会展服务标准越来越高，市场竞争迫使本地会展企业必须提高其专业化水平。④ 因此，众多会展企业已经意识到，会展活动的举办应当在

---

① 该中心总建筑面积达 23 万平方米，由两个展览大厅和一个附有多个会议室的会议大厅组成。该中心每年举办约 110 个活动，接待约 1100 万观众。国际会议场地具有最先进的管理系统，其内部配备空调装置，配套有各种层次的饭店及自助餐馆等。

② 它曾与法兰克福车展和底特律车展并称为“世界三大车展”，近年来又与巴黎车展、日内瓦车展合称“世界五大车展”。

③ 亚太会展研究院. 2013 年中国会展业统计数据分析报告[R]，北京：2015.

④ 成都市博览局课题组. 会展业专业化的评价指标与发展——以成都市为例[J]. 成都大学学报，2015，160(4)：30-35.

不断提升会展组织运作专业化水平的基础上，依托自身优势，走差异化、错位化竞争道路，常态化打造体现专业优势的专题性会展项目，已成为会展经济发展的主导潮流。

国际会展业专业化趋势主要表现为：(1)大而全的综合性会展比例相较以往略有下降。展会的综合性、举办方知名度、展商知名度以及展会的规模大小已经不再是观众选择展会的重要参考，广大参展观众更加关注于会展活动的专业性，即会展活动的内容主题是否聚焦于某一个特定行业。(2)专业化展会的优势也得到市场的广泛印证。首先，相比于综合性会展，专业性会展在展会的软硬件设施及服务方面更具针对性，围绕展会所举办的一系列子活动(如论坛、讲座等)的受众群体更加鲜明，且由于相关子活动讨论的话题都是本行业的热点话题，因此相关子活动的参与度、互动度的效果要比综合性会展的子活动更好；其次，由于专业性会展的观展者带有明显的目的性，其中不少观展者也带有相关的购买与合作意向，因此专业化会展对于主题行业的招商引资效果与产生的直接经济效益往往更优于综合性会展。

2. 组织主体：从分散到集中

由于会展组织者对会展经济的促进作用十分明显，在产业内部形成若干产业集团并产生龙头带动效应是产业做大做强的重要途径之一。会展业高投入的特点也在一定程度上决定了它必然走向领导组织的集团化，由于市场要素流动对会展活动载体平台的需求越来越大，客观上将会对会展企业在资金、人力等方面提出更高要求，而一般弱小市场主体大多不能满足此要求，于是纷纷被大型会展公司通过投资、收购、兼并等手段吞并，形成了会展集团化的趋势。会展集团化的主流模式主要包括股权联结式、契约联结式、战略联盟式。① 其中，战略联盟式凭借独立关系和分工协作机制，已催生了众多以兼并与合作方式建立的企业联盟和一批国际化战略联盟企业。

相关联盟组织的产生一方面基于整合优质的信息资源、人力资源和资本资源的客观需求，另一方面也能有效降低单体会展活动、单体企业行为的运作成本，从而减少企业业务风险。例如，世界上两家著名的展览公司端德和克劳斯联姻，共同开发通信和计算机展览市场。欧美的展览业

① 胡斌. 会展企业集团化之路——动因与模式[J]. 中国广告，2004 (10)：115-117.

巨头开始用资金来购买其他竞争对手的展览主题，如美国的克劳斯公司，用40亿美元购买了南美的品牌展会及其相关产业。在展览行业内盛行一种理念，即与其群雄纷争，不如强强联合，合作经营；与其四面出击，不如集中资源，发展自己的核心优势项目。[①] 因此，会展业的组织主体集中化趋势在不断加强。

3.传播影响：从区域到全球

会展活动是特定的时间内的人、财、物、信息的集中、交换、传播的过程，有明显的聚散效应。[②] 随着经济全球化趋势的不断加深和会展市场的日趋壮大，会展产业及会展市场的国际化水平日渐提升，国际会展业凭借场馆规模大、设施全、品牌展会多、专业化和国际化运作程度高等优势，频繁举办大型国际会议和展览活动，既促进了商品、技术、信息、资本、人才的国际流动，同时也促进了国际经济合作。这既是信息传播的过程，也是资源聚拢的过程。譬如巴黎，拥有联合国教科文组织、经济合作与发展组织等国际组织的总部，借助各类会展活动，使其"世界会议城"的美誉享誉全球、深入人心。

国际会展业的传播影响从一个区域到全球化趋势显著，主要体现在参展主体、地域及要素等方面：一是参展商与观展人群的全球化。大多数国际会展的举办不仅会邀请国内展商，而且也会积极邀请国外的展商参展。观展人群也自然不会仅局限于当地及国内，其他国家观展人数比例也在逐年提升。这在提升会展知名度和国际影响力的同时，也提高了会展的经济效益。二是举办地域的全球化。对外贸易的深入与会展市场的壮大，使得具有雄厚实力的会展集团瞄向了跨国会展市场，一些国际知名展会依托多年积累的品牌效益和榜样力量，通过迅速开拓海外市场，不断增强其在国际会展市场上的知名度和影响力。最具代表性的会展企业当属德国汉诺威会展集团，它很早就开拓了中国的会展市场，在上海设立了上海新国际博览中心[③]，作为它在中国的主要据点。三是会展运作团队的全球化。目前，会展策划团队的国际化趋势日趋明显，组织筹划、创意设

---

① 许征.国际会展业发展的新趋势[EB/OL].[2009-07-27].http://www.cces2006.org/yjcg/hzjjyj/4769.shtml.

② 同样的资源进行不一样的配置，会产生截然不同的效果，或集聚，或分散。

③ 程红，路红艳.从国际会展业发展动态看我国会展业发展方向[J].中国流通经济，2003，17(3)：29-32.

计、招商推介、落地施工等各环节的跨国合作不断深化。

3.1.4 国际会展业典型案例——德国汉诺威博览会

德国汉诺威信息及通信技术博览会简称 CeBIT，是德国最重要的会展品牌。① CeBIT 始于 1947 年，每年春季由德国汉诺威展览公司主办。汉诺威展览公司为 CeBIT 的举办提供了接近 50 万平方米的室内场馆和 5.8 万平方米的室外场地。汉诺威展览中心包括 27 个功能型展馆和一个包含 35 个功能厅的会议中心，规模在同类型的展会中居于首位。作为信息领域的高科技盛会，CeBIT 每年都会吸引众多的会展企业和参观人群前来学习和交流。

2013 年 3 月 5 日，CeBIT 如期开展。该届展会为期 4 天，共吸引来自于 70 多个国家和地区的 4100 多家厂商参展，超过 40 万人次参加。其中，来自中国的企业大约有 400 家，并且大部分都是中小型企业。该届展会的官方合作伙伴国为波兰。该届 CeBIT 的主题为"共享经济"(Share Economy)。共享经济是在移动互联网、物联网、云计算和大数据等高新技术的迅猛发展下催生出的新经济产物，它给 IT 行业带来了新的商业契机。

该届 CeBIT 内容最为丰富的板块是数字商务(CeBIT pro)，它涉及互联网技术的商务化、互联网解决方案的网络化、信息产业的安全化、通信及网络的商务化、公共基础设施的专业化以及解决方案的多媒体化；数字政务(CeBIT gov)将焦点聚集在公共机构和健康保健领域，公共机构展区诠释了如何利用互联网技术推动公共政务的信息化和现代化，健康保健展区则展示了 IT 技术在医药和生活保健领域的应用。数字实验室(CeBIT lab)展区分为基础研究、技术研究、合作研究和应用研究等研究成果的展示平台。数字生活(CeBIT life)展区主要集中展示了数字产品和服务在大众生活中的重要应用，充分满足了广大群众对高科技产品的需求。

该届 CeBIT 将焦点聚集在数字产品的安全、大数据的应用和物联网的应用三大主要领域。智能手机在给人们带来便捷的同时，也不可避免地带来安全性问题。作为世界上安全性技术最为成功的通信公司之一，黑莓独有的加密技术和平衡技术可以将私人数据与工作信息严格区分开

① CeBIT 以信息技术和信息工程为主题，是世界上科技含金量最高、最具国际影响力的高科技品牌盛会。

来，从而保证了个人用户的安全性，该技术得到了德国总理的青睐；随着IT行业在大数据领域解决方案的创新与应用，大数据成为本次会展的热门话题之一。研究机构 Experton 在之前发布的报告中指出，2011 年全球有接近 34 亿欧元的投资应用于大数据项目与服务领域，2012 年该投资增长到 45 亿欧元。2013 年 CeBIT 迎来了智能洗衣机、智能机器人和智能汽车等新技术产品，物联网走入寻常百姓家。华为公司在展会上发布了一款可以在恶劣的环境条件中实现网络通信需求的工业路由交换一体机，实现了传感器与互联网联络这一物联网的关键。

很多国际企业在该届 CeBIT 上展示了他们在信息和通信技术领域解决方案方面的创新成果。Derivo 公司推出了搜索解决方案 Blitzbox，它基于语义技术，可以缩短搜索结果的范围；华为公司针对企业分支机构的扩展而开发的微数据中心实现了局域网与基础设施的统一监管；德国威图公司展示了一套高配置、兼容性强的标准化数据中心，能够统筹规划中小型企业的基础设施定制；全球知名应用软件供应商 SAP 公司推出了基于大数据技术的企业一体化解决方案。

在 CeBIT 的筹备与运营阶段，德国政府在基础设施的建设、展览项目的投建、国际项目的投资和旅游消费的开发上投入了巨大的人力、物力和财力，这些投入成功带来了政府购买、企业投资、产品出口和居民消费等需求的增加，对德国和世界的经济增长和就业提升都产生了深刻的影响。随着每年 CeBIT 的开展，它给德国带来的经济效益和社会效益也在不断增强。首先，CeBIT 带来了巨大的经济效益，参展企业通过展览活动的开展收获了大量的成交额和利润额，参展群众的激增也带来了不菲的门票收入、消费收入和签约收入；其次，CeBIT 也带来了巨大的社会效益，随着会展活动的开展，城市基础设施、文化产品投资等社会生活的方方面面都得到了相应的提升。

作为世界 IT 界的领军展会，CeBIT 在 50 多年的发展中呈现出国际化、专业化和品牌化三大特点。作为世界第四大经济体，德国的会展业发展对整个欧洲的消费市场具有巨大的辐射带动作用。CeBIT 利用其国际化的展示平台，采用有效手段吸引海外参展商到德国参展，极大地促进了全球高科技产业的探索与交流。CeBIT 的专业化体现在制度和人才两个方面。德国贸易展览业协会（AUMA）制定了保障会展专业化的具体规章制度，保证了各个展会的专业性与目的性。德国拥有专业的会展组织与服务公司，并且高校开设了与会展策划及其功能相关的课程，能够较为系统和完整地培养高素质会展运作人才；品牌化的树立与运营为CeBIT注入了旺盛的生命力，吸引来源源不断的合作伙伴，CeBIT从场馆设计、展会组织等多角度实施品牌化战略，保证了德国会展业先进的科技水准和独特的科技魅力。

对照德国会展业的发展现状，我国的会展业在国际化、专业化和品牌化等方面存在很大的差距。首先，我国会展企业需要从“大胆走出去”和“积极引进来”这两个方向拓展国际业务。一方面，我们要整合现有资源，积极赴海外办展，不断增强我国会展业的国际竞争力和影响力。另一方面，我们要抓住国外会展公司进军中国的机会，紧跟国际会展业的先进经营理念，优化会展产业结构，提升会展从业人员的整体素质，缩短与国际知名展会之间的差距。其次，我们应参照德国贸易展览业协会的做法，建立专业的规范化机构，保证会展的专业化水平。积极完善会展人才教育和培训机制，保证专业化人才的培育。最后，我们要注重品牌展会和品牌公司的互动性。我国政府和行业协会需要扩大知名展会的品牌效应，提高其专业化水平，加大对品牌公司和品牌展会的扶持力度，通过制定相应的政策推动展会的品牌化建设，扩大展会的区域化影响力，提高我国品牌公司和品牌展会的国际竞争力。

3.1.5 国际会展业的发展经验

1. 政策环境：政府扶持常态化

欧美会展经济发达，正是得益于各国政府高度重视会展业的发展，将其视作国民经济发展的重要环节。以德国为例，德国政府充分认识到了会展业对本国经济的拉动作用，因此加大力度发展本国的会展业，这不仅体现在场馆、设备等硬件设施的建设上，也体现在日常的经营管理与宣传推广上。为了推动本国会展业发展，德国各级政府投入巨资兴建会展场馆，为本国会展业的发展奠定了载体基础。在软性扶持方面，德国政府长期坚持对会展企业实施前期宣传推广、中期市场拓展、全程外围服务等一系列扶持措施。此外，为了本国会展业的国际化发展和本国会展企业的发展，德国政府每年都会对即将出国办展的会展公司提供直接的财政支持，并在组织协调方面予以指导。与此不同的是，美国政府更注重对展览企业的间接投资与支持。美国对会展项目的审核认证工作主要包含两大部分内容，分别是贸易展认证计划(TFC)和国际购买商项目(IBP)①，这两项工作均由美国商务部具体负责。除此之外，美国商务部还积极从世界各地邀请高质量的采购商、批发商和贸易代表赴美参加由其举办的会展活动洽谈，为参展商和特邀客户提供特殊的支持和服务。

2.经济环境：运行模式市场化

在市场经济高度发达的欧美国家，会展业发展伊始就坚持市场化运作管理，辅之以政府的各项支持，这已成为欧美国家会展业繁荣发展的重要因素。以德国为例，德国政府推行以市场主导、政府培育相结合的方式对会展业进行管理。尽管德国政府对会展业发展的投入力度巨大，直接帮助了一大批会展企业的兴起与壮大，但展会活动的组织和管理完全交由市场来运作，政府侧重于制定政策来引导：一是各级政府不直接参与本地区会展企业的日常经营运作，一般以政府参股或者政府委任企业参股来运作会展活动，政府相关部门不会直接决定会展活动的具体运作；二是场馆管理部门以转租或者委托的方式将场馆运营权转托给相应的会展集团。② 美国会展业由于本身所独具的民间化特点，使得会展企业的日常运作以及会展活动的各项管理政府性特点更少，会展企业的自主决定权很大，会展活动的主题定位、布展实施、协调联络、贸易洽谈均以市场需求为导向，会展活动的功能性、效益性更为突出。与此同时，由于会展活动对促进当地经济发展、带动关联产业发展以及拉动就业等方面的作用十分突出，会展活动的举办往往会得到各地政府的大力支持，但政府通常仅在服务方面给予会展企业帮助，并不参与商业展会的具体运营。

3.行业环境：营销品牌差异化

差异性的城市文化特色和重大活动的举办往往会对会展活动的举办产生十分重要的影响，会展经济发达的欧美国家会利用其著名城市打造特色品牌会展活动，也会利用重大活动来为会展活动造势。纵观国际会展业的发展历史，会展业品牌的形成与产业发展特点密不可分。在法国，

---

① 前者是一项贸易展会主办方与美国政府之间的合作项目，旨在向美国出口企业，特别是新成立或新入市的公司推荐参加海外的重要贸易展览会；后者旨在促进国内展会产出积极成果。

② 中华人民共和国商务部.德国展览业的成功经验及对我之借鉴意义[EB/OL].[2013-03-28]. http://www.mofcom.gov.cn/article/i/dxfw/jlyd/201303/20130300070767.shtml.

以浪漫、时尚闻名的巴黎成功举办了一系列以化妆品和时装为主题的大型会展；在德国，以信息技术革命著称的汉诺威承担起了重要的高科技展会 CeBIT，以印刷技术而闻名的杜塞尔多夫承担起了国际性的印刷包装展会，这些多种多样的会展品牌成就了德国在会展行业的领军地位①；在意大利，米兰依托优质的文化艺术遗产及在时装设计、艺术创作、制造业和金融业等领域的基础优势，打造出“米兰时装周”“米兰建筑双年展”等世界级会展活动，在世界上具有十分重要的影响力；在美国，依托城市特色来发展相应领域的会展市场是会展业的主要特点。据相关数据统计显示，目前平均每年在拉斯维加斯举办的会展活动多达 2000 场；在韩国，会展业之所以取得快速发展，源于其历来重视利用重大活动为会展造势，亚欧峰会、世界杯足球赛、APEC 首脑会议等间隔性重大国际活动为韩国会展业带来了积极影响。2000 年，韩国以首尔亚欧峰会为契机，推进一批大型专业会展场馆建设，会议、会展相关的硬件设施得到极大改善。2002 年，依托韩日世界杯足球赛，韩国大力宣传国家品牌，国家知名度和文化影响力明显提高。2005 年，釜山举办了 APEC 首脑会议，此次会议的成功举办为韩国地方城市承办大型国际会议积累了经验，有力地推动了韩国会展业的发展。② 同时，特色文化的异地引进和利用也成为国际性会展的新亮点。伴随着中国经济、文化的影响力的不断提升，欧美会展项目开始更多关注和借助中国元素。例如：德国著名会展品牌汉诺威开始进军中国市场，将上海作为主营城市；美国的纽约书展也开始开拓中国市场。③

4. 主体参与：平台搭建多元化

从欧美国家发展会展业的经验来看，各种类型的会展业行业协会为本国会展经济的发展起到了不可磨灭的重要作用。在美国，代表性的会展行业协会，如 IAEM（美国国际展览管理协会），在促进美国会展业发展中的作用日益突出，而政府部门通过行政手段来管理会展业的情况几乎

---

① 刘慎河. 国际会展业引发的思考——探析我国会展业的发展之路[J]. 江苏商论，2006(8)：72-75.

② 屈雪莲，过聚荣. 上海浦东建设世界级会展中心的差距诊断[J]. 上海管理科学，2009(2)：20.

③ 陈泽炎. 国际会展业新蓝海：中国的观察视角和实践特色[EB/OL]. [2016-1-27]. https://www.sohu.com/a/56793116_348141.

不存在，相关商业机构、贸易组织均不需要特殊的审批程序即可以进入会展业，会展公司通过行业内共同制定的自律机制和自律规范相对独立地承担管理责任。对于欧盟各成员国，都有完善化的会展行业管理部门对会展活动进行统一监管。这些部门在国家相关政策法规的保证下，可以独立运作专门的会展活动。另外，这些部门在全国的会展市场上也具备权威性和专业性。①

3.2 国际图书博览会概述

由于书展与图书馆的各项活动都围绕图书展开，因此书展自起源至今备受图书馆界关注。在现代会展的众多题材中，图书展览也是一个十分重要的内容。作为出版社、作家与读者之间交流合作的活动形式，图书展览具有贸易与信息的双重功能，同时也具有经济、文化、社会等多层面的属性。1946年德国莱比锡书展的成功举办标志着现代意义上的“书展”正式出现，自此之后，国际书展作为一种文化象征在世界各国蔓延开来。

3.2.1 国际书展的概念及发展

1.国际书展的定义

国际图书博览会，亦称“国际书展”(International Book Fair)，是由一国定期举办的、有一定数量国外出版社和书商参加的大型图书展览活动，属于国际性的图书展销和交易集会，主要进行图书贸易、国际版权交易与合作出版等活动。② 全世界每年有数十个国家举办上百场国际书展，遍及主要的几大洲：在欧洲有德国法兰克福国际书展、英国伦敦国际书展，在北美洲有美国纽约国际书展，在非洲有埃及开罗国际书展，在南美洲有巴西圣保罗国际书展，在亚洲有日本东京国际书展、中国北京国际书展等等。这些国际书展的主要举办者是各国出版商协会、书商协会、图书贸易公司和展览公司；展览内容既包括图书、音像制品等传统出版物，也有新

① 舒莉.会展业发展的国际经验与启示[J].湖南商学院学报，2005(5)：28-30.

② 百度百科.国际图书博览会[EB/OL].[2018-05-01].https://baike.baidu.com/item/%E5%9B%BD%E9%99%85%E5%9B%BE%E4%B9%A6%E5%8D%9A%E8%A7%88%E4%BC%9A/1205536.

型的多媒体出版物；参与者是来自世界各地的出版社、书商、作者、版权代理人、图书馆人员、技术服务商等。从文化层面而言，国际书展是全球范围内出版界各方以文化内容的交易、交流为主要目的而参与的一种周期性综合活动。其本质是一个具有展销功能的图书集市，即将出版产业链中的所有参与者都集中到同一特定空间里，为他们提供一个展示出版成果、面对面交流的机遇和平台。①

2. 国际书展的类型

国际书展的形式丰富多样，按不同标准划分为不同的类型。其中最主要的划分方式有以下两种：(1)按国际书展的主要目的，可分为版权型与展销型两类。以出版商之间洽谈版权交易与合作出版业务为主的，属版权型。例如，伦敦书展即以版权贸易见长，书展设有全世界最大的版权贸易中心，方便各国出版机构进行版权贸易。即便在版权型书展中，书商、图书馆员亦可订购图书，文学代理人也可进行书稿交易。书展内容以订购或当场出售图书为主的，属展销型。(2)按国际书展的展品内容，又可分为综合性与专业性两种。综合性书展展出各类图书。专业性书展只展出某些类别图书或以某类图书为主，比较典型的如意大利博洛尼亚书展，它是全球最大的儿童图书博览会。综合性书展在国际书展中居多数，其中德国法兰克福书展是世界上规模最大的综合性书展。②

3. 国际书展的源起

书展是由书市发展而来的。我国早在汉代就已经出现“书肆”。扬雄在其所著《扬子法言》中最早提及“书肆”一词：“好书，而不要诸仲尼，书肆也。”③此外，各朝代还有“书林”“书铺”“书棚”“书堂”“书屋”“书籍铺”“书经籍铺”等名称，宋代以后统称为“书坊”。“书店”一名，最早见于清乾隆年间。在中国近代史上，书店也叫“书局”。中国书展历史悠久，但对外交流较少，并未形成国际书展。20 世纪 80 年代起，以全国书市(全国图书博览会前身)为代表的各种类型书展得以全国范围内推广。进入 20 世纪 90

① 黄先蓉，常嘉玲. 国际书展的历史流变及其在新媒体环境中的功能扩展探究[J]. 出版印刷，2017(3)：5-11，33.

② 百度百科. 国际图书博览会[EB/OL]. [2018-05-01]. https://baike.baidu.com/item/%E5%9B%BD%E9%99%85%E5%9B%BE%E4%B9%A6%E5%8D%9A%E8%A7%88%E4%BC%9A/1205536.

③ (汉)扬雄. 扬子法言. 第二卷.(晋)李轨注. 四部丛刊影印本.

年代后，全国各地的书展如雨后春笋般成长，除全国书市、北京国际图书博览会和北京图书订货会三大行业盛会以外，还有像上海书展、南国书香节等不同类型的书展。进入21世纪以来，出版业快速发展，数字出版异军突起，全国各类书展经过10多年的努力，都已经逐渐形成规模。

西方国家的书展是由欧洲地区的图书商业集市逐步发展而来的。1370年，荷兰籍传教士格鲁特创建了“共同生活兄弟会”，并为其书房的建立而到法兰克福图书集市购买书籍。甚至早在12世纪的莱比锡和13世纪的法兰克福都举办过手稿书籍的交易展。① 15世纪下半叶，也就是西方活版印刷术发明初期，印刷商已开始在集市上推销书籍。欧洲一些大的贸易集市逐渐成为印刷商们的聚会地。他们定期会面，互通印书计划，交换书籍，以及购置印刷器材。德国美因河畔的法兰克福图书集市出现于1462年秋天。16世纪下半叶至17世纪上半叶，法兰克福逐渐成为德文图书发行中心和拉丁文图书国际交易市场，同时也是宗教改革书籍的发行中心。欧洲各国书商、印刷商纷纷前来参加书市交易活动。这样，它成为德国、意大利、法国、荷兰、瑞士、英国书商和印刷商的聚会地。自1579年起，由于德国皇家书籍委员会对新教书商极力刁难，他们只好放弃这个书市，前往莱比锡。1640年前后，莱比锡书市的地位越来越重要，逐渐取代法兰克福，成为国际性的书商聚会地。法兰克福和莱比锡先后成为欧洲两个重要的国际书籍交易市场。② 法兰克福书展作为世界第一大国际书展，被称为“国际出版业的奥林匹克盛会”，其发展历史可被视为现代国际书展发展历程的一个缩影。1949年9月，首届现代意义上的法兰克福书展举办，共吸引了205家德国参展商和14000多名参观者。20世纪后期的20多年是法兰克福书展发展最为快速的时期，到2002年已有近6400家的出版商和图书公司参展。2007年之后，法兰克福书展每年的参展国家和地区保持在100个左右，参展商在7500家上下浮动，国际参展商占据约61%的份额，参展人数更是多达28万～29万人次。法兰克福书展会展公司做了大量的工作：通过设立在世界各地的德国图书信息中心和

---

① ［德］卫浩士．法兰克福书展600年风华［M］．欧阳斐斐等译．北京：中国人民大学出版社，2007：7．

② 百度百科．国际图书博览会［EB/OL］．［2018-05-01］．https://baike.baidu.com/item/%E5%9B%BD%E9%99%85%E5%9B%BE%E4%B9%A6%E5%8D%9A%E8%A7%88%E4%BC%9A/1205536．

图书办事处广泛宣传书展信息和相关服务内容，并提供咨询；根据参展商的特殊需求设立专业机构和人员提供服务；增加主题馆和主宾国项目以吸引更多国家、政府和行业对书展的重视；举办每届书展的同时开展下一届书展的招展工作，并举行主宾国之间的交接仪式；建立“文学经纪中心”和“故事驱动中心”，打造版权博览会形象；设立“图书和平奖”，评选“世界上最美的书”，以此褒奖在文艺、科技领域作出贡献的个人或集体。法兰克福书展逐渐成为各大国际书展的风向标。①

3.2.2 国际书展发展现状及特点

1. 著名国际书展概述

目前，国际书展已是出版界极为重视的文化盛事，举办地遍布六大洲，成为各大出版社进入国际市场、加强文化交流的桥梁。国内较为著名的书展有专门针对读者的全国图书交易博览会（先后在北京、上海、广州、成都、武汉、深圳、长春、西安、长沙、南京、昆明、福州、桂林、天津、乌鲁木齐、重庆、郑州等城市举办），中国图书进出口（集团）总公司、环球新闻出版发展有限公司承办的以版权贸易为主的书展——北京国际图书博览会（BIBF），以及出版商参与力度最大的展会——北京图书订货会。其中，北京国际图书博览会在国际书展界享有较高的知名度。

表 3-1　　2013 年国际著名书展情况②

书展名称	展出面积（m^2）	参展国家数量	参展商数量	观众数量	图书数量
法兰克福书展	19 万	110	7300	28 万	30 万
美国书展	5.5 万	80	2000	3 万	—
东京书展	1 万	25	1360	6.6 万	—
伦敦书展	—	60	1500	2.5 万	—
博洛尼亚儿童书展	2 万	66	1200	2 万	—
北京国际图书博览会	5.4 万	75	500	20 万	20 万

国际著名书展大多历史悠久，特色鲜明。从表 3-1 可以看出，各大书

① 黄先蓉，常嘉玲. 国际书展的历史流变及其在新媒体环境中的功能扩展探究[J]. 出版印刷，2017(3)：5-11，33.

② 洪晔，宋凤红. 现代图书展览展出效果提升策略研究[J]. 出版广角，2013(21)：68-70.

展参与国家众多，参展商及观众云集。其中，法兰克福书展、伦敦书展、美国书展以及博洛尼亚书展代表性较强。

（1）法兰克福书展（Frankfurt Book Fair）（见图 3-1）1949 年由德国书业协会创办，是德国举办的国际性图书展览，堪称全世界规模最大的书展，其对于世界图书出版文化事业具有极大影响。该书展的重要性在于其汇集了来自世界各地的出版品，反映了全球出版信息动态，也是版权交易谈判的最大场所。举办时间为每年 10 月。

图 3-1　法兰克福书展标识

（2）伦敦国际书展（London Book Fair）（见图 3-2），由英国工业与贸易博览会创办于 1971 年，为版权贸易型书展，每年 4 月在伦敦举行，为期 3 天。该书展专业气氛浓厚，版权交易活跃，是全球出版业最具影响力的交易平台之一。该书展于 2004 年设立“市场焦点”主宾国活动，全面提升主宾国家或地区的文化影响力，成为每届书展的焦点和亮点。

图 3-2　伦敦国际书展标识

（3）美国图书博览会（Book Expo America）（见图 3-3）1901 年由美国书商协会创办，1996 年被励展博览集团收购，并改名为美国书展。该书展被誉为全世界最大的英文书籍展示活动，同时也是美国最大的图书交易场所。书展期间除了书刊展示，还安排有各项专题会议、专题展览、座谈会、同业聚会、文艺沙龙及颁奖典礼等活动。每年 5～6 月在纽约举行。

图 3-3　美国书展标识

（4）博洛尼亚儿童图书博览会（Bologna Children's Book Fair）（见图 3-4）是意大利举办的国际性儿童图书展览，1964 年由博洛尼亚博览会公司创办。它是世界上最大的展示儿童图书的国际性活动，以其高度专业化展示业界最新动态以及全面展示出版业产品而吸引着世界各地的出版商。举办时间为每年 3～4 月。

图 3-4　博洛尼亚书展标识

2. 国际书展的特点

经过长期的发展，国际书展从组织到运营日臻完善，为了在图书购销、版权贸易和文化交流三个方面发挥更大的作用，会展商采取了多种新颖的方式，如加大阅读推广力度、增设图书奖项、举办主题项目等，使书展呈现出新的特点。

（1）同阅读活动联系密切。阅读推广作为重要的教育手段在各个国家都备受重视，甚至上升为国家战略。在书展活动中，阅读推广活动作为图书营销的方式之一，经常在出版机构、作家和读者之间展开。然而在新媒体时代，人们的注意力被越来越多的媒介所分散，平均阅读量急剧下降。作为集聚世界各地图书出版精粹的国际书展，承担起了营造社会阅读氛围、培育大众良好阅读习惯的重任。2013 年的莱比锡书展期间，同时开展了“莱比锡阅读”活动，由来自世界各国的 2900 多位作家在书展现场和莱比锡市的东西南北，举办了 2800 多场朗读会，服务于民众阅读氛围的塑造。① 美国书展为了鼓励大众更多地参与阅读活动，联合纽约图书馆和独立书店面向普通大众开展“阅读达人”活动，在书展的最后一天安排约 1000 名的“阅读达人”进入现场和出版界人士、作家见面交流阅读中的独特见解与心得。②

（2）通过评奖的方式宣传推介图书。对图书的宣传推介是书展的目的之一。现代国际书展往往采用图书评奖的方式对图书进行宣传。如“莱比锡国际书展图书奖”设立于 1994 年，至今已有 20 余年。莱比锡展会期间还颁发其他多种奖项，包括：①德国图书奖：欧洲公认的著名图书奖。其分奖项主要有：终生成就奖、最佳纯文学奖、最佳非虚构类作品奖、最受读者欢迎的作家奖等。②Kurt Wolff 奖：出版业与文学作品方面的奖项。③Hörkules 奖：图书业视听图书奖，颁给年度最佳视听读物作品。④图书市场奖：图书业界最佳宣传推销与公共关系方面的奖项。美国书展期间也会颁布各类出版业奖项，如编辑最高奖“克蒂斯 · 本杰明奖”、最佳书商奖“查尔斯 · S. 哈斯兰姆奖”、年度最佳新人奖、年度图书奖等。伦敦书展于 2005 年、2006 年分别设立“国际出版终身成就奖”和“当日作家”，向国际出版界的资深出版人与作家致敬。博洛尼亚书展 1966 年设立“博洛尼亚国际儿童书展最佳

---

① 甄西. 德国莱比锡国际书展看点[J]. 出版参考，2013(11)：47.

② 黄先蓉，常嘉玲. 国际书展的历史流变及其在新媒体环境中的功能扩展探究[J]. 出版印刷，2017(3)：5-11，33.

童书奖”，奖励图片和编辑设计最好的图书；此外，世界上最具影响力的儿童图书文学奖“安徒生奖”也在书展期间颁布。

(3)突出主题项目活动。突出主题活动是现代书展的一大特征。各类特色主题不仅说明了书展的重点，更能引起人们的关注。例如，伦敦书展的定位是行业书展，除常规展览外，其根据自身定位设计“爱学习”项目为业内人士提供相互交流、学习、获取信息的机会。另外，2004 年伦敦书展借鉴法兰克福书展的“主宾国”项目设立“市场聚焦”主题，以此为契机建立与各国政府、出版行业协会间的长期合作关系，2008 年英国文化协会的加入则使得“市场聚焦”项目的组织和运作上升至英国政府文化外交层面。

2013 年莱比锡书展的主题是“关注图书”。书展的首日，主办方举行了以媒体记者为对象的有关“关注图书”活动宗旨的介绍会；书展的次日，主办方又以出版社、书店及有关业内人士为对象，围绕“关注图书”活动的原则方针、开展的方式方法进行详细说明；在书展期间，主办方先后几次召集图书行业协会(团体)，解释“关注图书”的主旨，诚邀各协会、各团体大力协助并全身心投入。据主办方介绍，“关注图书”活动启动时，有 1500 多家出版社、图书批发公司和书店参加，之后参与的达到 7000 多家。①

第 69 届法兰克福国际书展于 2017 年 10 月 10 日晚在德国法兰克福会展中心拉开帷幕。该届书展的主题为“法兰克福说法语”，主宾国由法国担任，近 200 名法国作家出席书展相关活动。② 主宾国家或地区可以借助书展平台，展示本国优秀的出版物，宣传、推介本国的知名作家，扩大图书版权贸易，开展具有国际影响力的文化交流活动，全面提升主宾国家或地区的文化影响力。主宾国项目也成为书展的常见主题项目。

(4)关注新媒体产品。随着新媒体技术在出版业中的逐步渗透，跨媒体出版和数字出版开始与纸质出版相博弈，出版内容更多地依赖于新媒体产品而存在。在这种新媒体环境中，各大书展跟随行业发展和新技术的出现对书展项目的设立做出更新和调整，呈现出“迈向综合性国际传媒博览会”的功能扩展趋势。从 20 世纪 80 年代开始，各大国际书展相继安排展场空间支持电子产品、数字出版等新业态的发展，如 1993 年的法兰

---

① 甄西. 德国莱比锡国际书展看点[J]. 出版参考，2013(11)：47.

② 中国新闻出版广电网. 第 69 届法兰克福国际书展开幕[J]. 新闻与传播研究，2017(11)：12.

克福书展为电子产品开辟了一个独立展区，甚至将书展主题宣布为“法兰克福迈向电子化”。进入21世纪后，各大书展更是成为数字出版、跨媒体版权贸易和项目发布、宣传与探讨的平台。美国书展于2011年专设“数字出版区”展示新技术和新型阅读产品，吸引大量的读者、数字出版服务商等前来参展。①

国际书展是国际文化贸易和创意产业的交会之地，伴随着历史的进程完成了从区域性向国际化的发展转变。从几大书业盛会中，我们可以窥见国际书展业的整体面貌及特征。国际书展通过丰富的文化产品展示、版权贸易和图书销售，为各国出版商提供了展示自身特色与本国文化实力的平台和机遇。国际书展不仅是出版界的文化盛事，更是一种重要的外交渠道，有力地促进了不同国家和地区、不同文化、不同语言之间的相互了解和沟通。与国际著名图书展览相比，我国现代书展历史较短，办展和参展经验相对较少，使我国书展在经验理念、管理运营、展出效果、国际影响等方面相对落后。因此，对于国内的会展界、出版界、图书馆界等文化行业而言，学习国际书展的先进经验是我国书展业迈向国际化的必经之路。

3.3 中国会展业发展述略

3.3.1 中国会展业发展脉络梳理

我国首次以展览会命名的展览是1909年江苏教育总会在沪召开的全省学堂成绩展览会。1952年5月，中国贸促会正式成立。自此，中国开始以展会的方式开展国际间的经贸往来。中国会展业真正迈上国际化发展的道路则是在改革开放之后。

1. 确立改革开放基本国策：拉开中国会展业国际化发展的帷幕

十一届三中全会以后，伴随着中国改革开放步伐的不断加快，国内会展产业也随之进入快速发展轨道。1978年，中国第一个会展形式的国际

① 黄先蓉，常嘉玲. 国际书展的历史流变及其在新媒体环境中的功能扩展探究[J]. 出版印刷，2017(3)：5-11，33.

会议——“十二国农业机械展览会”成功举办，这标志着我国的会展活动开始走向国际化大舞台。1982 年，国家相关部门审议通过了针对会展“引进来”和“走出去”的两项法规(以下简称“两个《规定》”)①。1984 年，为了进一步贯彻执行两个《规定》，使展览工作更好地为我国现代化建设服务，又出台了两个《实施细则》。在两个《规定》和两个《实施细则》的指导下，各有关部门和单位接待来华展览和举办出国展览的积极性显著提高，办展条件与办展水平明显增强，国际贸易规模持续提升，国外先进经验与技术不断涌入，会展业的国际化与现代化程度进一步提升。

1985 年 10 月，由中国贸促会主持的中国国际展览中心一期工程正式竣工，标志着中国首座商业展馆的正式落成。次月，中国国际展览中心圆满完成了首届亚太国际贸易博览会的各项展出任务。中国国际展览中心的建立与首届亚太国际贸易博览会的成功举办为中国会展业的发展奠定了重要基石，翻开了中国会展业国际化的新篇章。1986 年，在瑞士举行的巴塞尔样品博览会上，中国的会展企业开始将贸易功能充分融合到会展活动的开展中，实现了展贸一体的新型会展形式，这也预示着中国的会展行业步入了全新的阶段。1988 年，中国参加澳大利亚布里斯班世博会，以中国馆为载体高水平呈现了中华文明的博大精深、超逸绝伦，被主办单位评为“五星级展馆”。1989 年，深圳国际展览中心的建立，标志着中国已步入会展市场化运作的新阶段，改革开放初期举办的一系列会展活动在政治宣传以及经贸合作等方面发挥了独特的历史性作用。但从整体上来看，这一时期的会展活动数量较少，专业化程度较低，绝大多数会展活动不具备真正意义上的现代贸易会展的特征。

2. 逐步建立社会主义市场经济体制：启动中国会展业高速发展的引擎

自 20 世纪 90 年代起，中国会展业伴随着社会主义市场经济体系的逐步完善，产业专业化、市场化进程进一步加快。相关资料统计数据显示，1998 年，有 90 多家中国的展览企业远赴 50 多个国家参加 400 多个相关会展活动，这已经超过了之前所有参加国际会展活动的总和。同年，在中国国内举办的会展活动超过 600 个，这已经达到了之前举办的所有会展活动的 3 倍之多。从展览设施的建设来看，全国各地展览馆的建筑面积达

① 即《关于出国举办经济贸易展览会若干问题的规定》和《关于接待外国来华经济贸易与技术展览会若干问题的规定》。

100多万平方米。[①] 与此同时，与城市整体经济发展速度相匹配，上海、广州、北京等一线城市的会展业崛起迅速。

1995年，位于北京的中国国际展览中心与德国知名的会展企业——慕尼黑国际博览会集团携手成立了中国会展业的第一家合资公司——北京京慕国际展览有限公司，这被会展业内人士视作我国会展业国际化发展的开端。深圳市的会展市场也如火如荼地发展起来。1995年，深圳市成功举办了第一届中国国际高新技术成果交易会（简称"高交会"），后来发展成为深圳市会展领域的一大里程碑。与此同时，在高交会的引领、带动与示范下，深圳市也发展了中国国际房地产与建筑科技展览会、深圳礼品展、深圳文博会等品牌展览，在会展经济发展和会展城市建设方面取得了举世瞩目的成就。

会展业快速发展近10年后，全国已有30多个城市明确提出将会展经济作为新的增长点，有环渤海经济圈的北京、天津、大连、廊坊等城市，长江三角洲的宁波、杭州、苏州、南京等城市，珠江三角洲的香港、广州、深圳、东莞等城市，以及西南地区的昆明、成都等城市。总体来看，这个时期是我国会展业发展的积累阶段，会展数量的逐渐增多，新的会展法规的颁布，展览器材企业的成立，国际展览的频繁出现，展览中心的纷纷建立，都为我国会展业的发展奠定了很好的基础。[②]

3. 加入世界贸易组织：掀起中国会展业多元化发展浪潮

进入2000年以来，中国成功加入世界贸易组织，这掀起了中国会展业的多元化发展浪潮。这是会展业发展的一个新契机，它为我国会展活动开拓了国际市场，使中国的会展业开始步入国际化、市场化、专业化和科技化的新技术领域。[③] 在入世效应的驱动下，中国会展业呈现出多元化的阶段性特征：一是产业集聚化特征初步显现，形成了以北京、上海、广州、深圳、大连、珠海等为核心的一批会展经济城市群。二是产业品牌化特征初步显现，诸如国际纺织展览会、国际汽车展览会等一大批具有中国特色的品牌国际会展逐渐成长壮大。三是市场吸引力逐步增强，在中国举办

---

① 孙钢. 走向新世纪的中国展览业[J]. 展览与专业市场信息，2001 (1)：8-11.

② 马勇，梁圣蓉. 改革开放三十年中国会展业发展的回顾与展望[C]. 中国会展经济研究会学术年会，2009年.

③ 顾逸南. 入世对发展我国会展业的影响[J]. 世界贸易组织动态与研究：上海对外贸易学院学报，2003(9)：13-16.

的国际性会议、论坛、展览数量达到历史峰值，为推动当地城市建设和会展水平的提高起到了推动作用。四是会展服务范围持续拓展，大到建筑、汽车、机械、电子产业，小到工具、服装、家具、食品行业，都已形成全国性、跨国性专业会展活动。

3.3.2 中国会展业发展格局评价

中国的会展业已经走过100多年的历程，会展经济呈现出“三圈三带”式的总体发展布局。每一个集聚区的会展业都呈现出特有的发展优势和运作模式。总体上来说，东部沿海地带区位优势明显，需要加快会展业的转型升级；中部地区注重服务设施的完善，需要开拓会展业的定位方向；西部地区较为封锁闭塞，需要寻找会展业的创新发展之路。①

1. 以北京为核心的环渤海会展经济圈

环渤海会展经济圈的核心地带是京津冀，核心城市集群为北京、天津、青岛和济南，在全国会展业的发展进程中一直处于龙头地位。② 作为亚太地区的会展龙头城市，北京的会展产业成长较早，发展较快，水平较高，影响较广，竞争力较强。北京拥有优越的区位条件和高端的消费群体，会展的形式主要包括综合性的国际会议、各学科论坛和大型国际博览会。作为全国“第二梯队”的会展城市，天津的会展市场主要集中在国际会议的举办和主题展会的开展上。青岛的会展业虽然起步较晚，但发展迅猛。目前，青岛有代表性和影响力的几个自主品牌化的会展包括国际啤酒节和中国国际电子消费博览会。济南注重展览场馆的基础设施建设，济南舜耕国际会展中心拥有完善的硬件和软件条件。

2. 以上海为核心的长江三角洲会展经济圈

长江三角洲会展经济圈是以上海为中心、江浙两省为集群的联动式发展。目前，汉诺威、慕尼黑等国际会展巨头把在中国的主攻城市定位于上海，这主要是因为上海的会展市场定位国际化，发展模式创新化水平较高③；随着我国改革开发的深入开展，江苏省致力于会展内容产业与世界

---

① 叶洪涛．中国会展业发展研究[D]．武汉：武汉大学，2004：11.

② 高彩霞，毕会娜．借力与突围——京津冀会展格局中河北会展人才队伍建设方略[J]．河北北方学院学报(社会科学版)，2014(3)：48-53.

③ 王春雷．珠江三角洲和长江三角洲会展业发展比较研究[J]．学术探索，2004(7)：44-47.

接轨，会展业已经渗透到各个行业，南京、常州、苏州、无锡等城市注重培育本土会展品牌，积极引进国外知名会展品牌①；浙江省的会展业拥有诸如温州国际会展中心等国际化、专业化的展馆，还积极地将具有民族特色的文化产品融入会展业中②。

3. 以广州为核心的珠江三角洲会展经济圈

珠江三角洲会展经济圈以广州为中心、以香港为龙头、以深圳为支点，是各国际会展投资商竞争的黄金地带。广州重视会展业的体制机制改革，2014 年广州在展览数量和展览面积上仅次于上海，排名全国第二。作为亚太地区的"国际会展之都"，香港集中力量打造特色品牌会展，树立企业形象，并拥有国际知名的展览中心和专用设施。③ 随着传统产业与高新技术产业协同演进的产业格局的形成，深圳的会展经济也出现了专业化与市场化相融合的运作模式，分工合理的多类型会展开始入驻深圳。④

4. 以沈阳、大连、哈尔滨为核心的东北部会展经济带

东北部会展经济带以沈阳、大连和哈尔滨为核心，在短时期充分发挥其辐射带动作用，吸引来自海内外的知名会展入驻本地区。作为东北地区最大的政治、经济与金融中心，沈阳的会展业虽然起步较晚，但在展馆数量、参展人数和经济效益等各方面都有较快发展。大连的会展业发展迅猛，与北京、上海、广州并称"中国四大会展之都"。大连的会展业在规模化、专业化和国际化方面成长较快。其会展业的发展也带动了当地旅游业、交通运输业等相关联产业的快速发展。⑤ 虽然作为东北地区的经贸中心，哈尔滨的会展业却起步较晚，发展较为缓慢。哈尔滨的会展场馆数量有限、品牌化程度较低、营销手段较单一，这些都严重制约着哈尔滨市场资源的有效利用。为此，当地政府开始启动专项资金，支撑哈尔滨会展业的有效开展。

---

① 钱蒙翔，吕刘晨. 新形势下江苏会展业发展现状分析[J]. 无线互联科技，2014(13)：35-36.

② 武勉，张帝，祝瑞. 浙江会展业实施"走出去"战略分析[J]. 江苏商论，2014(10)：34-36.

③ 陈恩. 香港会展业发展的经验与启迪[J]. 亚太经济，2005(2)：48-51.

④ 刘致良. 深圳会展业专业化建设研究[J]. 商业研究，2009(5)：146-148.

⑤ 高欣. 大连会展业发展成功经验探析[J]. 商业研究，2010(5)：130-135.

5. 以武汉、郑州、西安为核心的中西部会展经济带

中西部会展经济带的服务业发展水平不高，基础设施资源较为陈旧。在武汉、郑州和西安等核心城市的带动下，会展业开始把握全新的发展机遇，力争打造具有中西部地域特色的专项会展。武汉作为中西部城市的领头羊，会展业的发展历史已经超过百年。武汉的地理位置优越，素有“九州通衢”的称号，具有发展会展业的区位优势和产业基础。为了提升其会展业的市场竞争力，武汉开拓出了一条人文与旅游融合推进的会展产业发展模式。① 郑州的会展业虽然起步不晚，但一直没有找到一条创新路径。因此，郑州应该借鉴其他城市的发展会展业的成功经验，培育一批专业的会展企业集群，发挥优势产业的引领作用，做大做强本土的会展品牌。② 作为六朝古都，西安具有浓郁的历史、文化底蕴。西安善于将文化元素融入会展业的定位与选择上，一直将文化产业、旅游业的融合作为会展业创新之路。

6. 以成都、重庆、昆明为核心的西南部会展经济带

西南部的会展经济带以成都、重庆和昆明为核心，虽然地理位置较为闭塞，但是探寻出了一条适合本地区会展业发展的产城一体化道路。成都市政府已经将会展业列为城市的重点扶持产业。会展业与旅游业的联动发展拓宽了成都的会展产业链。③ 作为西南部的中心城市，重庆已成为长江上游地区的会展模范城市。重庆将环保理念注入到会展场馆的建设和展览项目的推广上，开拓出一条适合自身发展的“绿色会展”之路。④ 昆明是重要的会展旅游城市，是连接东南亚、南亚国际会展市场的枢纽。昆明利用会展业发展的机遇，大力发展本市的旅游经济，会展业与旅游业共同构成了该市的经济增长点。

---

① 王颖. 武汉会展经济发展模式及路径选择[J]. 武汉工程大学学报，2010，32(4)：66-69.

② 徐茜. 香港会展业借鉴与郑州会展业发展的思考[J]. 管理工程师，2012(4)：34-37.

③ 宋慧娟. 新历史机遇下成都会展业发展对策分析[J]. 成都职业技术学院学报，2012(10)：13-16.

④ 周海宇，谭玲. 重庆“绿色会展”发展现状及对策分析[J]. 企业技术开发，2014(7)：58-59.

3.3.3 中国会展业发展趋势探析

随着我国大型会展项目在国际市场上的成功开展，我国会展业迎来了快速发展的新时期。目前，我国会展业的年产值在国民经济中的比重不断提高。中国会展业的发展趋势也日趋明显：会展的投资建设、品牌规划和资本运营日趋国际化；会展的项目举办、企业经营和制度建设日趋市场化；会展的内容开发、服务开展和人才队伍日趋专业化。

1. 会展的国际化：投资建设、品牌规划和资本运营

(1)展览场馆的投资建设趋于国际化。一直以来，国外展览机构都倾向于在中国设立代表处。1994 年，法国在中国设立国际专业展览促进会的办事处。1999 年，德国展览机构开始参与上海展馆的基础设施建设。之后，德国汉诺威、意大利米兰、英国蒙哥马利集团都开始进军中国。国际会展投资机构迅速掌握了中国会展场馆的基础建设的主动权。这些机构不但带来了大量的资本投入，而且带来了先进的技术理念和完善的管理运营经验。外商在中国投资份额的激增使其不但控制了中国会展市场的主动权，而且也扩大了市场份额的占有量。①

(2)展览项目的品牌规划趋于国际化。我国会展业相关机构和个人积极作为，力争打造好会展国际品牌的"引进"和国内品牌的"走出"两条主线。国外知名会展品牌开始将国际市场的主线移向中国，试图利用中国会展业快速发展的势头打造新一轮的市场占有力和影响力。例如：德国最大的信息技术领域的博览会 CEBIT 开始移军中国上海；英国、澳大利亚等国家的展览公司也开始与中国会展公司进行国际合作；中国的知名会展品牌也纷纷重视打造国际市场。我国已经有 40 个国际贸易展览品牌获得国际权威机构认证。

(3)展览公司的资本运营趋于国际化。自从中国加入世界贸易组织以后，会展公司的资本运营国际化的趋势就越来越明显。国际知名会展公司捕捉到中国的会展业发展新机遇，试图通过资本入驻的方式抢先占领中国的会展市场，这也加速了我国会展业的国际化发展进程。

2. 会展的市场化：项目举办、企业经营、制度建设

(1)会展项目的举办趋于市场化。相当一段时间以来，大部分的展会

---

① 张玲，张红. 中国会展业发展的"七化"趋势[J]. 商场现代化，2005(28)：291-292.

都是政府主导为主，市场运营能力有限，这严重制约了会展业经济效益的发挥。目前，国家正加大力度推进会展项目的市场化运作。部分以前以政府主导为主的展览会场开始通过重组、拆分、兼并等方式转变运营方式，致力开拓展会市场化运作的路径。在会展业发展的过程中，政府、企业和行业组织应该明确自身的职能分工，营造会展业健康有序发展的产业环境。

(2)会展企业的经营趋于市场化。世界上会展发达的城市，会展企业趋向于市场化的经营方式。因此，中国也应该开辟出一条市场化程度较高的会展企业运营模式。首先，政府应该转变观念，设立专项资金支持企业的市场化运营并给予监督管理，综合协调各种市场资源的配置；其次，政府应积极推进会展业与旅游业、交通运输业、创意文化产业的协同作用，制定相关政策鼓励产业融合，完善会展业的产业环节；最后，应该建立企业的市场运营体制。会展企业应明确自己的市场定位，制定相应的可持续经营战略，并且加强企业间的交流合作。①

(3)会展制度的建设趋于市场化。我国会展业处在发展的关键时期，会展制度建设应该遵循市场化的发展趋势。国家发改委在会展业的中长期规划中就提出要在政策和制度建设领域加强市场化的推动作用。在中国会展经济研究会的筹建过程中，市场化的运营之路也得到了会展企业的推广。

3.会展的专业化：内容开发、服务开展、人才队伍

(1)会展的内容开发趋于专业化。德国的会展业水平在世界上名列前茅，很大一部分原因是德国会展业致力于打造全球最为专业的会展。因此，我国会展业相关部门应集中全力提高会展内容开发的专业性。专业性的展会要求参展商明确展会的主题，突出自己城市的特色，明确目标顾客群体，在专业领域争取做到最大最强。例如：上海市对于会展内容开发的专业化程度也在不断提升，致力于打造一批专业化程度较高、内容更具创意性的品牌会展；天津滨海会展中心利用区位优势做大做强了建筑装饰、景观设计等大型专业化会展②。

(2)会展的服务开展趋于专业化。在会展服务开展之初，展会主办方

---

① 李利.会展企业的市场化运营[J].山西财税，2011(6)：45-46.

② 杨颖.浅析会展专业化[J].天津职业院校联合学报，2007，9(6)：139-141.

应考虑到参展商和观众的具体需要，从住宿、交通、会务等各个领域做好服务的规划与设计，保证参展商能够顺利完成会展，观众能够舒心地欣赏到会展；对于展中服务，展会主办方除了注重展会布置、服务人员的分工外，还应考虑到展会进行中的突发事件，能够快速应急处理，保证展会的如期进行，保障观众的切身利益；对于展后服务，展会主办方需要统计会展的进度、效益的实现，更新参展商的具体信息，反馈观众的参展意见与建议，为接下来的会展安排做好充足的准备。①

(3)会展的人才队伍趋于专业化。在国外会展发达的城市，其会展相关领域都拥有一批专业化、高素质的人才队伍。像德国的西门子媒体学院，每年都会为会展市场培养专业化程度较高、综合素质较强的优秀会展人才。随着中国会展业发展日趋国际化和市场化，会展专业型人才的建设也应该更为系统和科学。中国目前的会展教育培训领域应该注重理论知识和实践技能的结合。另外，在开设会展相关专业的课程时，应注意扩大和细化会展组织、策划、运营等各个更为专业的领域，保障会展业的每一个组成部分都能得到有效的开展与完善。②

3.3.4 中国会展业典型案例——上海世博会

2010 年 5 月 1 日，上海成功举办了第 41 届世博会，这是一次国际化的会展盛会。在 184 天的时间中，世博会共举办活动 22925 场，参观人数达到 7308 万人，堪称史上规模最大的国际展览会。

上海世博会为上海乃至全国带来了多方面直接或间接的效益。在经济上，世博会前期准备阶段需要大量的资金投入来建设世博园区和完善基础设施，同时临时用工的需求也提供了大量就业机会，拉动了当地经济的发展。世博会还刺激了消费需求，提高了城市文化性消费的比重，餐饮业、零售业、通信业、交通运输业、旅游业等都受惠于此。2010 年，由于上海世博会的带动作用，上海市旅游业的年产值比以往增加了 1300 多亿元，另外，上海市的零售业营业额也有了大幅度的上升。③ 世博会还带来了大

---

① 杨颖. 浅析会展专业化[J]. 天津职业院校联合学报，2007,9(6):139-141.

② 易仁. 朝阳产业的会展业市场呼唤专业化的会展人才[J]. 中国电子商情:基础电子,2004(Z4):52.

③ 蒋小浪. 2010 年世博会对上海旅游业的影响研究[D]. 华东师范大学,2009:4.

量外资投入，1～9 月份，合同利用外资 113.41 亿美元，同比增长15.3%。① 上海世博会开展期间，由于主题论坛的带动作用，江苏省和浙江省的经济建设也有了较好的发展态势，旅游产业的产值呈显著上升趋势。依托上海世博会，江苏、浙江两省发挥自身的服务和旅游文化资源优势，吸引了大量游客，同时促进了当地经济的发展。世博会结束以后，以上海为中心，江浙两省协同发展的长三角地区经济文化交流日益密切，经济一体化进程也逐步加快。

上海世博会的主题是“城市，让生活更美好”，同时还推出了 5 个副主题，即城市多元文化的融合、城市经济的繁荣、城市社区的重塑、城市科技创新以及城市和乡村的互动，通过展览、论坛和活动三种模式来呼应主题。世博会共投资 286 亿元，园区共计 5.28 平方千米，分为 A、B、C、D、E 5 个片区。园区内的活动场地分为室内和室外两种。

上海世博会也为文艺汇演提供了场所和舞台。世界各地的会展组织方都准备了极具地域特色的文艺演出，着重体现了各个国家和民族的文化成果。我国 32 个省、自治区、直辖市和港澳地区在上海世博会上也组织了 900 多场集聚中国元素的文艺表演。其中包括仪式类、巡游类、舞台类和主题类四大类。

论坛是上海世博会的一个重要组成部分。借助论坛这一载体，上海世博会对经济、文化、科技、环境、社会与城市之间的和谐可持续发展进行了讨论。世博会在开幕式前就举办了一系列公众论坛，这期间还举办了一场高峰论坛和六场主题论坛。服务方面也是上海世博会的一大亮点。上海世博会为参观者提供了周全的问讯接待、参观指引、参观预约、标志导向、物品租赁、婴幼儿及特殊残障人士服务等一系列周到便利的服务。另外，上海世博会在交通、餐饮、纪念品方面也下足了功夫，从而满足参观者的需求。园区内有一套以轨道交通为主体、地面公交为基础、越江轮渡为补充的完善的交通系统，方便游客在各片区之间游览。参观者还可以在世博会各片区品尝到来自中国各地和其他世界各国的美食，购买各种具有世博会特色的纪念品。

网络的优势在本次世博会上大大彰显。此次世博会同步推出了网上

---

① 李茜.世博会促上海“万商云集”[EB/OL].[2010-10-22].http://www.shfinancialnews.com/xww/2009jrb/node5019/node5025/userobject1ai66783.html.

世博会,这在国际上尚属首例。通过图片、文字、视频、音频等形式,网上世博会利用虚拟技术进行展示,突破了时间和空间的限制,对世博会进行了补充和丰富,是信息时代科学技术的充分运用。在"园区览胜"这一板块,参观者可以从各个角度欣赏到五大片区一百多个展馆中的展品,得到比实际参观更全面的观察。

为充分展示山东未来城市可持续发展的崭新形象,山东省积极推进并参与上海世博会的各项工作,围绕着"城市,让生活更美好"的总主题,世博会中国馆山东展区把"以和谐文化建设美好家园"作为主题,积极探寻新的城市化发展模式,为中国城市的可持续发展提供新的启迪。世博会期间,山东省准备了极富省域特色的《齐鲁情未了》大型文艺演出[①],既有融会了泰山、黄河、孔子、沂蒙山小调、三大秧歌等最具山东文化代表意义的元素,也有表现现代山东城市生活的舞蹈表演。文艺汇演期间,极具地域特色、饱含山东省符号文化的传统表演吸引了参观者的眼球,其中既包括像胶州大秧歌、济宁鼓乐等的文艺演出,也有像潍坊风筝、高密剪纸等的手工作品。

上海世博会期间,人们对城市文明理念和未来城市发展进行了广泛讨论,推动了和谐城市的建设发展。世博会结束后,其后续文化效应也十分显著。世博会的城市最佳实践区案例的展示以及世博会部分展馆与设施由旧工业建筑改造而成的实践,强化了对工业遗产建筑保护与利用的双重效益这一理念。园区留下的展馆改建为博物馆,与原来利用旧工业建筑建设而成的工业遗产博物馆一起,形成一个博物馆群,成为上海市新的城市地标景观。[②] 借助世博会这一契机,我国会展经济继续向前发展,并在世界会展舞台上日益活跃,成为新兴的"会展大国"。

总的来说,这一时期是我国会展业发展的黄金时代,会展业迎来了蓬勃的大发展。一方面,国内经济发展呈现良好态势,居民人均财富增加,消费水平提升,消费结构升级,消费市场扩大,为会展经济发展创造了良好的经济大背景。另一方面,各地区纷纷意识到会展业巨大的行业带动作用,将其作为新的经济增长点,相继出台各项政策措施扶持当地会展业发展;企业也将展会作为产品推介、项目融资的一个重要平台;人民群众

---

① 《齐鲁情未了》大型文艺演出由荡气回肠的《齐风鲁韵》、时尚律动的《城市之光》、振奋人心的《凌空飞跃》三部分组成。

② 吕建昌.上海世博会与未来上海发展[M].上海:上海大学出版社,2013:32.

广泛参与到各类节庆活动等会展活动中来。这一时期的场馆建设热情高涨，政府主导型展会是主要的组织形式，专业化展会数量增多，产业融合趋势凸显，国际化进程加快，国际会展巨头纷纷涌入我国，给我国本土会展企业带来巨大的压力与挑战。

3.3.5 中国会展业发展经验总结

1. 夯实基础，加强优势

中国的会展业起步较晚，目前仍处在成长壮大阶段。产业基本要素如自然条件、交通设施、场馆资源等还需要不断完善。纵观我国会展业的发展历程，首先要夯实会展产业的发展基础，在良好的基础条件上，加强各个地方独特的会展发展优势。其次，还应该积极培养一大批专业化、高素质的会展相关人才。会展领域的专门人才不仅要懂得展会的组织和策划等相关知识，还要熟悉国际会展所必需的专门语言及各种多媒体器材的应用。另外，国家应该设立专项资金支持会展行业协会的发展壮大和会展专业知识的学习，像2006年成立的中国会展研究中心(CCERC)就是目前我国会展经济研究的最权威机构，其对会展业的科学发展起到了很好的指导作用。我国会展业的成熟还依赖于基础设施的建设。目前，我国拥有发达的交通系统、完善的会展软硬件条件和齐全的场馆设施。我国地域广阔，有数量较多的气候宜人、经济发达的城市，如四季如春的昆明，地处亚洲中心的香港、上海等，都具有发展会展业的明显优势；同时，当今会展业需要的投入越来越大，很多国际会展业的大型企业纷纷开始进军中国，有条件的国内企业也加大了对这一产业的投资力度，从而加强了会展业发展的资金优势条件。

2. 强化关联，融合发展

会展业是一个具有较强关联性的产业网络，其涉及的产业或行业包括旅游、餐饮、文化等，这些产业或行业与会展业休戚与共、相互支持、相互促进，加强会展业与其他产业的关联强度，能够更好地促进我国产业结构调整，优化产业构成。融合发展是促进产业升级的重要路径，会展产业融合能够促进相关资源的整合，使其资本运营的成本降低，并迅速扩大产业的经营规模，增强产业综合实力，使会展业在市场竞争中占有一定的地位。纵观我国会展产业发展历程可知，一个产业联动作用的大小与这个产业在当地经济社会中的发展地位和与其他产业的关联程度相关。因此，要充分彰显会展业的关联效应，必须强化会展产业在经济社会的地位，加强产业链各个环节的充分融合，这包括：产业上游部门的建筑、通信、邮电等；产业前向部门的新兴工业、新技术、新材料等；产业服务部门的旅游、市政、法律等。会展产业联动效应能够带动上游部门的投入需求，由此带动相关行业的发展；通过加强创新力度来提高会展产品和服务的数量和质量，推进前向产业的整体效益；通过加强会展活动在社会生活方方面面的带动力和影响力，推动会展业的结构优化升级，带动相关联产业的融合发展。

3. 优化布局，明确定位

从我国会展业的发展来看，初期的会展业结构失衡、区域布局重点不甚突出、场馆建设规模不够经济等问题都阻碍了产业的发展，会展产业布局的优化、中心城市的选择和建设等成为会展产业发展的重要因素。根据我国会展业发展的现状和趋势看，北京、上海、广州等已经确立了国家会展中心城市的地位。当然，随着我国会展业的成熟壮大，还会涌现出一大批区位优势明显、会展资源充实、极具地域特色、场馆设施高度发达的新兴会展城市。我国已初步形成了会展业的发展框架，使会展发达城市肩负起榜样带动责任，积极开展国际知名的品牌会展。同时，省级会展城市应该统领全省的会展业方向，积极引进省外会展活动，努力打造本省特色品牌会展。另外，会展业发展程度较为落后的城市应该学习和借鉴先进城市的会展发展经验，努力弥补自身的不足，争取能在会展市场立足。

4. 政府扶持，社会重视

经济全球化为我国会展行业的发展注入了全新的活力。首先，国内经济的高度发达为会展业的扎实推进铺设了坚实的基础。其次，国外品牌会展对中国市场的开辟也为我国会展业的发展带来了新的契机。2008 年北京奥运会的成功举办不但更新了国外发达国家对中国市场的全新认识，而且带来了很多会展业渴求的发展机会。2010 年上海世博会的成功举办不但向世界展示了我国的综合实力，而且为国内会展业带来了新的合作伙伴和发展经验。国家相关部门对会展领域越来越重视。首先，国家设立了专项资金支持会展活动的全面开展。其次，国家对会展活动从基础设施的建设、相关行业的支撑到人才队伍的建设的每一个环节都投入了巨大的人力、物力和财力。国务院原副总理吴仪就着重强调了会展在经济建设中的重要作用。另外，中国贸促会原会长万季飞也重点表述了会展业在整个产业布局中的重要力量。2004年以来，通过《中国会展经济年度报告》来看，国家高度重视会展活动的有序健康运行。会展业的发展关系到经济社会的众多产业部门，从会展业的社会功能来看，会展产业的健康发展能够惠及社会的方方面面，所以大力发展会展业需要社会各个部门的支持，形成有利于会展产业发展的良好环境和氛围，才能有助于充分发挥产业的社会效益和经济效益。

3.4 中国图书馆学会年会展览

随着会展业的内容不断扩展，图书馆界也逐渐参与其中。其中规模最大的当属中国图书馆学会年会组织的各类相关产品展览。中国图书馆学会年会是以图书馆为媒介的国家级图书馆年会，是图书馆界一年一度的行业盛会。该学会别名为“中国图书馆学会学术年会”，借鉴美国图书馆协会年会(ALA)等国际上历史悠久的图书馆界年会，自1999年开始举办，至今已举办19次，对我国图书馆学理论研究和图书馆事业的发展起到了重要的推动作用。

1999年，“中国图书馆学会1999年年会暨学会成立20周年纪念大会”在辽宁大连举办，成为图书馆界全国性、大规模学术年会的发轫之年，意义重大，影响深远。这之后的20年间，该年会的机制、理念不断创新，伴随着图书馆事业的发展与变革，年会名称也几经更改，中图学会年会的大胆变革与创新也成为推动我们国家图书馆事业、图书馆学研究不断发展的持久动力。

3.4.1 中国图书馆学会学术年会阶段

从2000年开始，会议名称定为“中国图书馆学会××××年学术年会”。2003年之前，参会人员基本以图书馆从业人员、图书馆学情报学研究人员等为主，更多地体现“学术”二字，规模始终保持在八九百人左右。其间也有日、美、英、韩等国家派出代表参会，但规模较小，外国图书馆代表基本控制在30人以内。这一时期，年会始终以学术交流为主要内容，恪守学术办会的宗旨，但也逐步举办以图书馆设备、实用技术、图书资源等为主要内容的展览会，为相关企业和商家设置展位，展示新设备和新技术。但是,在此阶段,学术交流仍是年会的核心,展会只是作为良性补充、丰富年会内容而存在的。

3.4.2 中国图书馆学会年会阶段

2003 年,年会因受“非典”影响延期至 2004 年举办。在全国图书馆界的殷切期盼下,2004 年苏州年会盛大开幕。在苏州年会的筹备阶段,主办方开始有意淡化“学术”的氛围,甚至想去掉“学术”二字,向包括展会在内的综合性年会上靠拢。这一年的主题是“回顾与展望——中国图书馆事业百年”。也是在这一年,党的十六届四中全会强调,要积极发展文化事业和文化产业,推动社会主义文化的发展繁荣。中图学会年会也在继承过往成功举办学术会议经验的基础上,突破桎梏,大胆创新,成功迈入了新的阶段。恰逢中图学会成立 25 周年,因此年会定名为“中国图书馆学会 2004 年年会暨学会成立 25 周年纪念大会”。参会人员高达 1100 余人,成为中图学会年会历史上的第一次千人盛会。这次年会在学术交流之外,同时举办了“2004 中国图书馆应用技术与专业设备及图书馆资源展览会”,包括出版社在内的众多设备制造商、资源供应商等蜂拥而至,其中甚至有 6 家外国公司,年会设立展位 71 个,是历届年会参展单位最多的一次。中图学会年会正式进入了学术交流、企业展览双头并举的时期。

此后的历届年会规模一直在 800 人左右,年会征文在 1300 篇左右。每年都在之前的基础上推陈出新,使得年会各具特色,亮点纷呈:

2005 年桂林年会,首次评选“全民阅读活动最佳组织奖”和“全民阅读活动先进单位”(山东省图书馆学会和山东省图书馆同时获选)。

2006 年昆明年会,启动了“中国图书馆学会志愿者行动——全国基层公共图书馆馆长培训”,业界反响巨大(该活动持续到 2011 年,覆盖了全国大部分省市);有四个分会场是交给企业举办。

2007 年兰州年会,首次进行全程网络直播报道,对部分分会场实施现场直播,实现了场内场外互动。

2008 年重庆年会,发布《图书馆服务宣言》。年会上围绕“5·12”汶川地震,特别设立抗震救灾专题。

2009 年南宁年会,首次设立并颁发了“第一届青年人才奖”和“会员论坛之星”奖,首次命名“全民阅读基地”(山东省图书馆成为全国首批 10 个基地之一)。

2010 年长春年会办会规模又创新高，成为年会有史以来参会人数最多、分会场最多、论文数量最多、图书馆界服务成果展览数量最多、合作项目最多的一次。

3.4.3 中国图书馆年会暨学会阶段

2011 年，党的十七届六中全会提出深化文化体制改革，推动社会主义文化大发展大繁荣。中图学会年会也进入了新的历史发展阶段。2011 年，在贵州贵阳举行的年会首次以“中国图书馆年会暨中国图书馆学会年会”命名，并且首次由文化部主办。其突出特点是学术会议与工作会议并重，理论研究与实践工作紧密结合。此次年会人数高达 1500 余人。虽然“会”“展”结合是本次年会的一大亮点，但是依然没有在名称中有所体现。

2012 年，在广东东莞举办的年会更名为“2012 年中国图书馆年会——中国图书馆学会年会·中国图书馆展览会”。此次年会由工作会议、学术会议和展览会三大板块组成，充分发挥政府、行业组织和社会力量的积极作用，除了整体展示中国图书馆科技应用的最新成果，还搭建起文化事业和文化产业相互结合的新平台。此次年会开创了年会由文化部和地方政府联合主办的先河，引入了城市申办制；开始以开放的姿态鼓励分支机构、各地学会、相关企业等参与承办分会场，确立了分会场申办制；首创了四个“主题论坛”，是中国图书馆学会协调我国图书馆界集体力量开展学术交流的又一成功范例；首次评选出 8 名“中国图书馆榜样人物”。从 2012 年开始，此年会名称一直沿用至今。

衡量年会规模的指标有三个，即征文数量、参会人数和分会场数量。到 2012 年，年会参会人数激增至 3000 人左右，此后一直维持这种规模。这其中除了正式代表之外，还有大量新闻媒体、相关企业、社会机构等方面的人员，年会的社会影响力与日俱增。年会征文数量持续达到 1600 余篇，山东省图书馆学会自有年会征文组织奖评选以来，连年获奖。

在年会主会场之外设立专门的分会场论坛，始创于 2002 年的西安年会。2005 年年会，分会场发展到 8 个。2012 年开始引入申办制度后，分会场的策划和申办进一步面向业界开放，宏观规划，精细组织，分会场已多达 20 余个，同时还开创了“主题论坛＋分会场”模式。2013 年，分会场数量达到高峰，多达 29 个，此后历年维持在 23 个左右。“大会学术报告＋主题论坛＋分会场”模式成为之后年会的标准配置。分会场的不断细分拓展使得专题研究更加精细化，呈现出“学术活动精品化”的特点。

从2013年上海浦东年会开始，首次策划组织卫星会议，进一步完善学术会议体系，以“会前会”和“会后会”的形式组织交流研讨会和图书馆实地考察。这一机制延续至今。2014年，按照中央转变政府职能的要求，文化部推动年会由“政府主办，承办城市、行业协会和相关单位承办”向“政府指导、协会（学会）主办、地方承办、行业参与、市场运作”的方向转变，逐步建立长效工作机制。同时，这一年的全国“2014最美基层图书馆”的评选、颁奖活动受到业界广泛关注。至2018年，中图学会年会日趋完善成熟，基本形成了以工作会议、学术会议、展览会三大板块为主体架构，以卫星会议为主要组织模式，以“大会学术报告＋主题论坛＋分会场”为主要学术交流形式，以全民阅读先进（榜样）人物评选、最美基层图书馆评选、书香城市（社区）评选等活动为辅的办会模式。

中国图书馆学会学术年会自1999年首办以来，紧密围绕党和政府的文化发展战略，历经三次嬗变，每一次都紧扣图书馆事业发展的脉搏，特色鲜明地指引事业发展的方向。可以说，中图学会年会成长壮大的20年，也是我国文化事业、文化产业飞速发展的20年，更是图书馆事业由弱变强的20年，成为我国图书馆事业20年发展的历史见证。同时，也是会展业逐渐融入图书馆界的典型表现。

3.5　山东省会展业的发展历程

以会展产业生命周期相关理论为基础，从历史学的研究角度出发，通过还原改革开放以来山东省会展业发展的历史原貌，笔者认为可以将山东省会展业的演进历程分为以下几个阶段（见图3-5）：

1. 第一阶段（改革开放以来至20世纪90年代）：山东省会展产业的要素形成阶段

十一届三中全会以来，以农村改革为先导，各项经济改革初步展开，对外开放开始起步。以邓小平同志为核心的党中央领导集体，开始在科教文化事业领域解放人民群众的思想，激发文艺界人士的创作热情，一些大型节事活动在山东省各地区陆续恢复与发展起来，为山东现代会展业的形成奠定了重要基础。以山东省音乐舞蹈曲艺会演(1979)①等为代表的群众文化节事活动陆续开展,并在省内外产生了一定知名度与影响力,从文化节庆领域推动山东会展活动步入了发展的快车道。

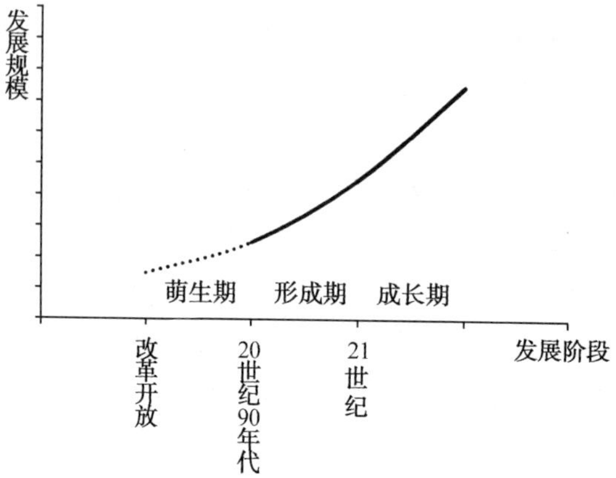

图 3-5　山东省会展业的发展历程

2.第二阶段(20 世纪 90 年代至 2000 年):山东省会展产业的起步阶段

自 20 世纪 90 年代以来,国家陆续出台若干会展产业政策法规文件②,其中关于会展申办管理、会展合同、会展广告、会展知识产权、会展市场、会展客户权益保护、会展经济纠纷解决等方面的法律法规显著提升了中国会展业的管理水平、会展单位的办展水平及会展活动的服务质量。山东省会展产业的各个要素培育成熟,会展产业链初步形成,成为服务业中一个较为独立的产业类型。在国家会展业相关法律政策的带动下,山东省在这一时期形成了以济南、青岛为代表的会展活动大市,会展相关活动数量增加,并建设成一批较为专业的会展配套设施。这一阶段的会展活动规模日益提高,产业链初步形成,山东省内的众多地区都能根据自身

① 这一时期的代表性节事活动还有山东省民歌会演(1979)、山东省第三届泉城之秋音乐舞蹈节(1985)、山东省杂技魔术创新节目比赛(1986)、庆祝建国 35 周年山东省摄影艺术展览(1984)、淄博首届元宵灯会(1986)、首届潍坊国际风筝节(1984)、首届山东艺术节(1987)、首届烟台葡萄酒艺术节(1987)、惠民地区首届吕剧艺术节(1987)等等。

② 主要有《关于审核出国(境)举办经济贸易展览会组办单位资格的通知》(1993)、《商品展销会管理办法》(1997)、《出国举办经济贸易展览会审批管理办法》(2001)等。

的地域文化特色纷纷形成自身城市的会展品牌。围绕各地的城市品牌，专业的会展服务企业逐渐出现，初期的会展产业规模较小，市场中会展相关企业的竞争程度较小，市场结构单一。

3.第三阶段(2001年至今)：山东省会展产业的成长阶段

自2001年，我国实施第十个五年计划，审议通过了《国民经济和社会发展第十个五年计划纲要》(以下简称《纲要》)，国家开始制定政策，将工作重心更多地放在教育功能和文化功能的实现上。《纲要》中明确提出，要更多地关注教育、文化等社会事业，更加注意经济与社会的协调发展，以更好地满足广大人民群众的需要。《纲要》强调要扶强做大旅游会展业，将旅游与会展、经贸、文化等活动有机结合起来。为了政治、经济、文化、社会的全面健康发展，国家开始鼓励会展产业的发展壮大，提出要将会展业与旅游业、住宿餐饮业、文化产业互动融合起来。2007年，山东省政府发布了《山东省实施〈国家“十一五”时期文化发展规划纲要〉的意见》，明确了文化会展业的发展地位，指出要在“十一五”期间对文化会展业进行重点发展。这一阶段的山东省会展产业中专门的服务企业数量增多，产业链发展较为完整、覆盖面较广，产业规模的增长速度较快，会展业对山东省GDP贡献比重持续攀升，成为山东省服务业中的新兴产业之一，并有效带动了其他相关产业的发展。在这一时期山东的节庆活动发展突出，孔子国际文化节、泰山国际登山节等已经成为国际知名度较高的节庆活动，济南、青岛、威海等城市凭借节庆知名度，会展业的发展已经开始有所突破。有数据显示，2012年济南在全国97个重点城市中以1172场次的会议接待量名列第二，仅次于北京；2010年北京、南京、杭州还都排在济南之前。①

① 中国经济网.加大政策力度 济南会议产业“谋棋布局”[EB/OL].[2012-11-16].http://expo.ce.cn/newmain/roll/201211/16/t20121116_23854767.shtml.

第4章　山东会展经济萌生期

——改革开放至20世纪90年代初

4.1　发展环境分析

随着国家改革开放的不断深入和经济发展水平的不断提高，会展经济逐渐发展起来，但是相比于欧美国家来说，我国的会展经济规模较小、发达程度较低。在宏观层面上看，我国尚未建立起一套较为完善的会展管理体系与运作机制，尚未制定出一套较为合理的国家会展产业发展规划；从市场层面上看，这一阶段很少出现具有国际竞争力的会展公司和国际知名品牌大型展览会，相关主管部门的会展专业知识也相对缺乏，会展专业人才缺口巨大。在此背景下，尽管山东省各地区举办的展览活动蓬勃开展，山东省会展市场的活跃程度日益提高，但是与国内外会展经济发达地区相比，山东省会展经济才刚刚萌生，会展市场的完善程度较低，发展环境与基本要素尚待成熟。因此，在这一阶段山东省会展经济还处于萌生阶段，正在培育会展产业形成必需的各种要素。

4.1.1　经济发展分析

从改革开放到20世纪90年代，中国的经济建设取得了令人瞩目的成就。据国家统计局的统计数据显示，1981～1990年，中国国内生产总值从4891.6亿元快速增至18667.8亿元，增长近3倍（见图4-1）；国内生产总值增长率虽然有高有低，但总体保持在8%以上的高速增长，1984年更是达到15.2%的历史峰值（见图4-2）。1981～1990年，中国的城镇居民人均收入由500.4元急剧增长到1510.2元，中国的农村居民人均收入由

129.9 元急剧增长到 686.3 元，增幅较为明显，分别提高约 2 倍与 4 倍；城乡居民家庭恩格尔系数分别从 1981 年的 57.5%与 59.9%，下降至 1990 年年初的54.8%与 54.5%，居民生活水平明显提高。

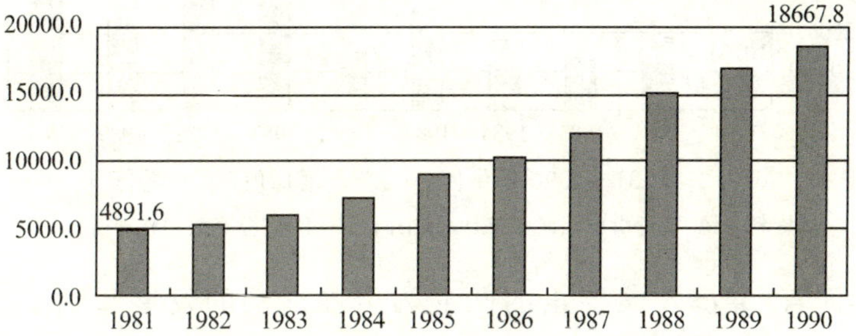

图 4-1　1981～1990 年中国国内生产总值(单位:亿元)

(资料来源:笔者根据中国国家统计局《中国统计年鉴》公布数据整理)

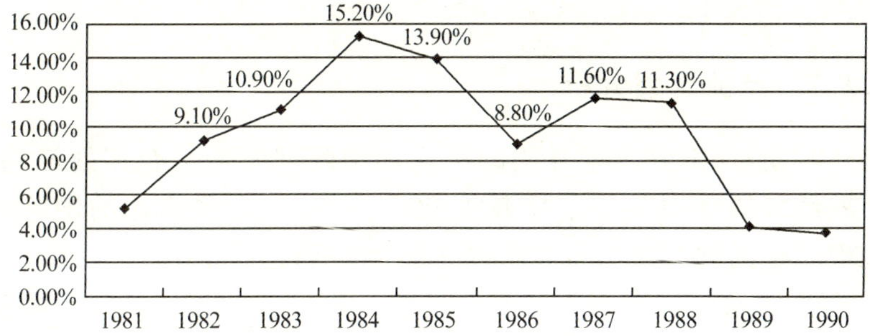

图 4-2　1981～1990 年中国国内生产总值增长率

(资料来源:笔者根据中国国家统计局《中国统计年鉴》公布数据整理)

从改革开放到 20 世纪 90 年代初，我国的第三产业发展速度较快。1981 年的第三产业增加值为 1076.6 亿元，而到 1990 年就快速增至5888.4亿元，增长了近 4.5 倍(见图 4-3)；第三产业占 GDP 比重也由 22%增至31.5%，增幅远超第一、二产业。1981～1990 年这十年间，在第三产业快速发展的强烈带动下，第三产业的就业人数增长了 4639 万，就业率增长了 6.86%，真正实现了翻番增长。这充分表明了第三产业在经济增长与扩大就业方面的巨大潜力，为会展经济的蓬勃发展提供了良好的支撑条件。

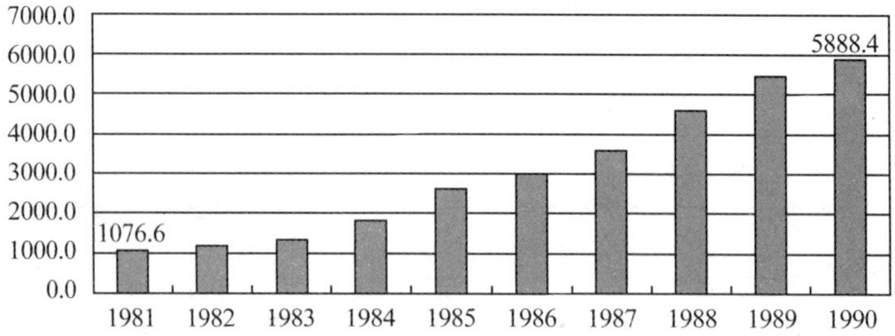

图 4-3 1981～1990 年中国第三产业增加值(单位:亿元)

(资料来源:笔者由中国国家统计局《中国统计年鉴》公布数据整理所得)

总体而言,经济发展要素的凸显为会展活动的发展起到了基础性作用。在中国改革开放开始后的十余年间,中国国内生产总值和山东省生产总值实现了飞跃式增长,为此时期山东省会展活动的蓬勃发展提供了良好的基础经济要素,也为日后山东会展经济的大发展奠定了较为雄厚的基础。

4.1.2 产业环境分析

这一时期,伴随着改革开放的深入和国际间交流与合作的渐趋频繁,中国会展经济的环境发生了明显变化。一方面,会展产业的国际化环境逐渐显现。中国的会展项目首次进军国际市场起源于 1978 年十二国农业机械展览会①,这是我国真正意义上的第一次国际化展览活动。特别是在中美 1979 年正式建交以后,中国参与国际会展市场的业务范围、合作力度得到大幅拓展和提升。另一方面,会展经济的基础设施建设兴起。随着我国城镇化进程的不断加快,国内城市职能开始由传统生产型向多元综合型转变,逐步在中东部地区形成一批大中型城市和新兴城市。这些城市拥有优越的区位优势、发达的场馆软硬件条件、完善的城市化建设和高质量的消费群体。根据产业生命周期理论,这些城市的会展活动能够较为迅速地开展起来,而且影响力和竞争力都能实现最大化。同时,这些城

① 这是中华人民共和国成立后首次举办的国际博览会,标志中国展览业由"单国展览时期"向"国际展览时期"过渡。1978 年 10 月,十二国农业机械展览会在北京全国农业展览馆举办,时任国家副总理余秋里为开幕式剪彩。此次展会展出面积 3 万平方米,展品 725 件,观众 30 多万人次,其中有 8 万多人次观看农业机械表演,1000 多人次参加技术座谈会。

市也会吸引国际知名的品牌会展入驻。①

总体来看，这一阶段作为中国和山东省会展经济发展的萌生阶段，现代化会展活动的数量相对较少，组织水平和规模程度都还远远地落后于国外会展发达国家。在这一时期，会展活动的产业特征还不明显，产业要素还不完备，会展活动还没有真正地作为一个产业运作起来。②

4.1.3 政策法规分析

前已述及，两个《规定》与两个《实施细则》的出台，标志着中国会展活动的政策法规要素开始步入正轨。特别是两个《实施细则》详细表述了关于会展计划的拟订与报批、对外宣传联络、展品征集和展品运输、接待工作的分工、施工布置、展品收购等具体执行办法，并专门针对香港与澳门制定了港澳地区来内地举办展览的执行细则。③

自从会展活动的政策法规开始规范执行以来，包括山东省在内的全国各有关部门和单位接待来华展览和举办出国展览的积极性显著提高。山东省有关部门围绕两个《规定》与两个《实施细则》的指示精神，制定了关于山东省会展活动举办的若干具体细则，对山东会展经济的规范化发展起到了积极助推的作用。同时，一些专业性的会展公司也陆续涌现，山东会展场馆的办展条件与办展水平明显增强，对外交流不断扩大，国际贸易规模持续提升，国外先进经验与技术不断涌入，进一步提升了省内国际会展活动的影响力。

4.1.4 发展体系分析

从 20 世纪 80 年代开始，山东省各地市纷纷建立博物馆、纪念馆、艺术馆等各类展览馆，其中济南、青岛的某些场馆开始初具现代会展场馆的规模。随着会展发展体系的不断完善，民间性质的展馆协会初露端倪，通过

---

① 王乃静，路晶. 会展经济——中国经济发展的新增长点[J]. 山东经济，2006，22(4)：9-12.

② 马勇，梁圣蓉. 改革开放三十年中国会展业发展的回顾与展望[C]//中国会展经济研究会学术年会，2009 年.

③ 1982 年 8 月 26 日，经国务院批准，中国国际贸易促进委员会、对外经济贸易部、外交部《关于出国举办经济贸易展览会若干问题的规定》以及《关于接待外国来华经济贸易与技术展览会若干问题的规定》双双出台，标志着我国会展业步入了法制化和规范化的阶段。

业务往来、活动共建对全省会展经济的发展和会展人才的培养产生了积极影响。

山东省会展经济的发展体系开始逐渐成熟，会展人才体系建设逐步形成，专业会展人才的培养力度不断提升。全省的会展队伍由改革开放前的各单位临时抽调逐步转变为由长期从事并研究会展领域工作的专业性、技术性人才组成，展览的筹备与布展水平、展览馆的日常经营与管理效率均有很大程度的提升，会展队伍的专业化、技术化、常态化趋势日益凸显。

4.2 主要形式分析

4.2.1 主体组织形式

这一阶段的山东会展经济的主要形式正开始一步步凸显。政府垄断型会展是山东会展经济的早期主要组织要素的形式，也是山东早期会展事业的重要特征。学界一般将政府垄断型会展定义为：几乎完全由中央及各级政府或相关政府部门以主办、承办、协办、支持等方式进行投资、组织、举办的一类会展类型，旨在扩大政治影响，提升经济活力，拓展对外交流，促进文化传播。具体表现为：展会类型较少，政治气息浓厚，这些展会中具有一定影响力的展览全部是由政府组织并举办的。在山东会展经济早期的发展中，政府垄断型会展的组织要素形式有其存在的必然性与合理性，这主要表现在以下几个方面：

1. 会展经济萌生需要政府引领

首先，这一时期包括山东省在内的全国各地区的会展经济才刚刚开始发展，全社会对会展的认知度尚显不足，会展事业的发展依赖于中央和地方政府的示范性运作。其次，会展是一个关联性极强的活动，会展活动的开展同时带动着住宿餐饮业、旅游规划业和文化创意业等相关联产业的积极运作。这些产业通常会受到会展业的外部性的影响，即一个发达的会展业会带动上述产业的快速发展。因此政府需要介入会展的起步期发展，为培育健康向上的会展业指明方向，起到政策引导作用。

2. 会展经济发展需要政府投资

要形成较为健全的会展产业，需要投资兴建一批以会展场馆为代表的高质量硬件设施作为支撑，而这些高质量的硬件设施不仅需要大量的资金投入，而且具有投入成本高、成本回收期长、建设与运营的专业性强等特点，私人部门通常难以承担建设与运营会展硬件设施所需要的高昂资金。同时，由于这一阶段社会中个人财富的积累水平有限，整个社会对会展经济的认识十分欠缺，投资者短期难以获得会展经济良好的回报等原因，私人部门对投资会展事业的兴趣较低。因此，政府的投资主体地位成为早期会展经济发展的必然，政府投资对会展事业的未来发展具有重要的促进作用。

3. 会展活动统筹需要政府支持

会展是一个具有较高关联性的产业，这不仅体现在展览、交易等活动的外部性影响上，也体现在会展活动的策划与运作流程中。会展活动产生预期效益在根本上依赖于场所及周边的人流、物流和信息流，这对城市公共服务的要求较高，发达的会展产业必须以完善的城市公共服务体系为支撑。与此同时，跨地区特别是国际会展需要交通、餐饮、医疗卫生、休闲娱乐等数十个产业部门的相互协作，这是私人部门难以单独完成的。因此，会展活动的统筹协调、资源整合需要政府的大力支持，政府各部门对会展经济的支持与协作是早期会展领域发展的必由之路。

4. 组织形式的优势与弊端十分明显

政府垄断型会展的优势主要体现在以下几个方面：

(1)发挥示范引领效应。这一时期中央及各级地方政府或相关政府部门几乎垄断了全部具有一定社会影响力的会展活动，因此无论是从展前会展活动的拟订与报批、对外宣传联络、会场布置、展品征集和展品运输，还是到展出期间人员物资的接待与安排、展品收购、交通与安保，再到展后场馆设施的维护、会展中心的日常运营等具体工作，无不成为政府部门组织与举办会展活动的重要范例。组织主体日益发挥出示范引领效应，中央出台的两个《规定》、两个《实施细则》及各级政府或其他政府部门制定的关于当地或本部门有关会展活动的具体执行方法已经充分表明，政府对会展活动的发展和会展经济对基础设施建设、餐饮、旅游、休闲、房地产等关联产业带动作用的重视程度越来越高。政府组织并举办的重要性会展活动可以反映出政府在会展发展政策方面的规划思路，因此会展活动也被外界视为政府政策发布与执行的一个平台，这为山东省后续会展经济的发展及私人部门组织与举办会展活动指明了方向。

（2）打造经贸合作平台。随着会展经济向上下游领域的持续延展，其在信息流通、产权交易及要素流动中的平台作用日益凸显，尤其是其发布的多领域的资讯越来越得到人们的关注，会展经济在这一阶段已经开始对山东经济、生活的多个方面产生影响。一方面，会展可以让人们集中了解举办地的城市形象与地域文化，感受特色生活与科技时尚；另一方面，也让举办地在与信息与思想的交流中产生新的灵感、发现新的潮流，促进与其他地区之间的经贸合作。从经济发达的欧美国家的会展产业发展经验来看，举办有关会展活动能够对举办地区产生可观且直接的经济与社会效益，因此政府与私人部门都对会展事业的发展怀有巨大的热情。因此，组织主体开始一步步地构建出经贸合作平台，通过会展活动交流地区之间的信息、知识和思想观念，先进的科技成果、创新产品得到宣传、展示和推广，管理模式、技术设备、优势资源能够整合及合作，不同地区的企业与商人互相贸易往来，这都促进了山东省与其他地区经贸合作平台的打造。

（3）构建对外宣传载体。作为会展的重要功能之一，形象的树立与宣传对举办方和参展方知名度的提升具有重要作用。改革开放之初，中国迫切希望融入国际社会，而其他国家对包括山东省在内的中国各地区的了解程度不够，仅停留在过去的印象之中。在这一背景下，政府垄断型会展形式有助于集中体现地区的整体形象，向世界宣传改革开放下地区发展的新风貌，对地区整体形象的宣传与提升以及当地会展活动国际影响力的提升起到积极的促进作用。会展经济的组织主体开始逐渐构建对外宣传的媒体，这一阶段中央政府投入、组织及参加了一系列具有国际影响力的会展活动（如十二国农业机械展览会、首届亚太国际贸易博览会、美国诺克斯维尔世界博览会、瑞士巴塞尔样品博览会等），为山东省树立、宣传、推介全省形象起到了重要的载体作用。

（4）凸显辐射带动效益。“集中力量办大事”的社会主义优越性①使得这一时期的政府垄断型会展通常具有资金投入大、举办规模大和地区与

---

① 邓小平同志在著名的“南方谈话”中说：“从国际经验来看，一些国家在发展过程中，都曾经有过高速发展时期，或若干高速发展阶段。日本、南朝鲜、东南亚一些国家和地区，就是如此。现在，我们国内条件具备，国际环境有利，再加上发挥社会主义制度能够集中力量办大事的优势，在今后的现代化建设长过程中，出现若干个发展速度比较快、效益比较好的阶段，是必要的，也是能够办到的。我们就是要有这个雄心壮志！”（《邓小平文选》第3卷，人民出版社1993年版，第377页。）

国际影响力强等特点。山东省在大规模建设会展场馆等硬件设施的同时，也在餐饮、旅游、休闲、房地产等关联产业和基础设施建设等方面投入相当数量的资金与人力物力资源。这些举措对政治宣传、提升形象、招商引资、经贸往来等都起到了促进作用。会展经济的组织主体开始逐渐凸显出辐射带动作用，它将不断带动会展关联产业的发展，进一步促进山东各地区经济文化环境的改善，并逐渐形成以会展经济为核心、关联产业为外围的城市经济集群。而围绕城市经济集群的上下游及次级产业也能够从会展经济的发展中受益，进一步推动企业的发展和员工工资福利水平的提高，促进城市的政治环境、经济发展、文化建设不断提升。

山东省政府垄断型会展在特定时期、特定条件下具有一定的优势和合理性，但也存在一些弊端，主要体现在以下几个方面：

(1)会展组织单一化。① 山东政府垄断型会展组织的重要特点在于会展活动所需的初始资金投入完全由省政府财政承担，会展领域的融资只能依靠政府财政拨款这一途径，融资渠道单一化现象极其严重。随着会展经济的持续发展，会场特别是小型、地方性会展数目不断增加，会展规模不断扩大，需要更多的资金作为发展支撑。然而，政府特别是地方政府的财政资金有限，不可能满足所有大、中、小型会展的要求，从而导致会展经济迟滞萧条的窘况发生，由此带来的负面效应对山东会展经济的发展是极其不利的。

(2)会展活动行政化。山东省政府垄断型会展组织的另一个重要特点是行政化。在会展经济发展伊始，外商来华参展所带来的影响面较广，为有效配合涉外会展活动，需要相关保障工作的政府部门加以配合，加之受计划经济体制②的影响，这种早期展览活动附带的浓厚的政治和行政色彩得以延续，多数会展活动所涉及的企业更多应政府及主管部门的行政要求实施相关会展行为。作为组展或参展的主要单位，国有企业除了服从“块块”(地方政府)的意愿，还需要满足“条条”(主管部门)的要求，行政机关办展览依靠的是行政权力，主管部门依靠自身的信用和号召力，“硬

① 会展组织单一化指会展活动的目的主要是进行形象宣传，扩大政治影响力，过于依赖于单一渠道的资金投入，一旦该融资渠道断裂，会展经济的发展就将陷入停滞甚至倒退。

② 由于几乎所有计划经济体制都依赖于政府的指令性计划，因此计划经济也被称为“指令性经济”。

约束”的效果自然是得心应手。展览的“招商”靠所管辖范围内政治任务的分配，参展商的数量有保障，即使展览难以吸引观众，也能依靠相关部门的带动力量来保证一定的消费群体。这种依赖于政府相关部门的展会活动不能准确核算出投入产出比、具体营业额等相关数据。① 也就是说，在这一时期，会展经济依然是由政府主导，由政府决定运作过程。从本质上讲，此类会展并不是真正意义上的会展，只能说是举办单位应上级管理部门的要求而完成的一项政治性任务，这对会展经济的健康发展是不利的。

(3)会展效率低下。山东政府垄断型会展摆脱不了效率低下的缺点。首先，由于这一时期会展活动所需的初始资金投入完全由政府财政承担，政府资金投入的多少往往由政府高层领导决定而非市场供求决定，因此难免会出现资金短缺或资金浪费等资金使用效率低下的弊端。其次，由于会展人才的稀缺，山东政府垄断型会展在工作人员的招募方面往往临时向本部门或其他政府部门借调一批人员来参与具体执行运作，举办方尽管对这些人员进行临时性的专业培训，但相比于会展的专门人才，这些人员大多缺乏市场化的会展项目运作经验。无论是前期的项目策划、招展招商、展览厅布置与人员分工安排，还是展出期间外宾的接待与服务、关联产业的企业联络与沟通以及对突发事件的处理，这些人员的专业化程度都不足，这往往使得山东政府垄断型会展活动表面上看起来形式好、人气旺，但产生的实际效益并不与之相匹配，低效率与低收益的会展活动难以在未来激烈的产业竞争中健康发展。最后，山东政府垄断型会展往往在高资金投入之后并不追求会展经济的回报，活动资金投入、功能分区等重大事项均由行政领导决定，由此可能会产生利益输送等腐败问题。

4.2.2 主要展会类型

1. 政治服务展②

改革开放以来，我国会展活动的政治服务特征凸显，现代会展事业自诞生伊始，就与政治存在密不可分的联系。改革开放以后到 20 世纪 90 年代是我国会展事业各类型的产业要素培育时期，上启高度集中的计划经

① 叶洪涛. 中国会展业发展研究[D]. 武汉：武汉大学，2004：8.

② 政治服务展是指宣扬一定的政治思想、政治主张与政治观点，以一定的政治目的为主要服务目标的会展活动。

济时期，下接中国特色社会主义市场经济的大发展阶段，处于向中国特色社会主义市场经济转型过渡的重要阶段，这一阶段的会展活动主要依赖政府的投资带动，会展的政治服务要素突出。作为会展的重要功能之一，形象的树立与宣传对举办方和参展方知名度的提升具有不可替代的重要作用。改革开放之初，以中央政府投入举办和参加的国际性会展活动（如十二国农业机械展览会、美国诺克斯维尔世界博览会等）为代表的一系列具有国际影响力的会展活动的政治服务特征逐渐显露。这些展会在一定程度上展示中国政治成果，促进政治理念交流，开启政治议题研讨，增进政治互信，有效提升了我国的国际政治影响力。在此背景之下，山东政府型会展有助于集中体现山东全省的整体形象，向世界宣传改革开放下山东的新风貌，对宣传与提升山东省形象以及扩大山东省经济的国际影响力起到积极的促进作用。这一阶段的山东重大会展活动以其独特而鲜明的政治宣传特点，成为树立、宣传、推介山东整体形象的重要载体和重要媒介，是山东政治宣传的重要典范。

2. 经贸合作展①

改革开放以来，我国会展活动的经贸合作正在日益加强。促进经济合作、增进贸易互联也是这一时期中国会展活动举办的重要目的之一。中央和地方政府对举办商业性展览会或具有商业性质的节庆活动的热情不断升温，认为这是振兴地方经济、扩大招商引资、展示开放形象、提高知名度的一个重要途径。1985 年，经国务院批准，由联合国亚洲及太平洋经济社会委员会与中国贸促会联合主办的首届亚太国际贸易博览会在北京成功举办。该展会的主要目的是促进相关国家和地区的经贸交流与合作，其经贸合作特色开始显现，它成功吸引了 20 多个国家和地区参展，参展单位各自展出其先进的、具有代表性的出口商品，成功促成多项贸易协定的签署。为此，国家邮电部还于 1985 年 11 月 15 日专门发行了邮资明信片一枚，以纪念该展会的成功举办。除了在国内积极举办国际性经贸合作展之外，在深化对外开放、积极交流协作的思想指导下，中国也积极应邀参与各项国际性博览会。1986 年，在瑞士举行的巴塞尔样品博览会上，中国不再将参展目的放在宣扬政治成果上，而是着重突出展会促销和

① 经贸合作展是指以一定的商业目的为主要服务目标，旨在促进国家或地区之间的经济协作、降低贸易壁垒的展览活动。

展会贸易，会展的专业化程度大大提升，进一步加快了中国会展活动的现代化发展。与此同时，随着 20 世纪 90 年代山东省改革开放的不断深入和经济总量的不断攀升，会展经济的发展得到了社会各界前所未有的关注与重视，展览活动举办单位的数量持续上升，类型日趋多元，逐渐改变了以往由单一的政府部门单位或具有政府背景的主管部门主办的组织形式，逐步形成了政府、商协会及国内外外贸企业、展览展示企业、专业策展机构等多类主体共同参与的新模式，涵盖多主体、多业态的市场化会展形态逐步取代了政治性、计划性的传统会展形态。在这一趋势影响下，这一阶段包括山东省在内的全国各地区会展活动的年均递增速度接近 20%。①

4.3 产业特征分析

4.3.1 政治主体要素培育成熟

作为承启计划经济向中国特色社会主义市场经济转型的重要转折点，会展业在改革开放后的前十余年是一个政府垄断的领域，政治化要素较为明显。在改革开放之初，我国各种类型的展览较少，会展活动数量较少。有一定影响力的会展活动几乎全部是由中央、各级地方政府或有政府背景的部门或单位组织并举办的，政治性气息浓厚，会展活动的组织水平和专业化程度较低，展贸分离的展出模式十分普遍，基本上不具备真正意义上现代会展经济的特征。在山东省，尽管政府垄断型会展具有示范引领会展整体发展、促进经贸活动开展、集中宣传地区及模范群体和个人形象、带动关联产业发展等若干优点，但是也不可避免地具有发展单一化、行政化与低效化的弊端。这一时期的许多大型会展都是由政府一手包办的，如山东省产学研洽谈会由省经委负责，科技展由省科委负责，进京重大展览由省计委等部门负责等。虽然这种模式有时便于宏观调配，但由于政事不分，管办不分，使之掺杂了太多的指令成分，影响了会展业的市场化运作。作为会展业重要组成部分的各类展览馆及展馆人员虽然

① 陈靖．我国会展业政治功能的研究与思考[J]．中国外资，2006 (9)：30-32.

经历了改制，但部分展馆和相关人员的市场意识仍然严重不足，从而在一定程度上影响了山东会展业市场化的进程。此时期山东会展活动的发展是在政府垄断型会展的基础上逐渐发展起来的，政府垄断型会展是山东乃至中国会展经济的早期形式之一，也是包括山东省在内的全国各地区早期会展经济的重要特征。因此，此时期的山东会展事业的发展主要依赖于中央和山东省各级政府的投资带动，会展的政治主体要素的培育日趋成熟。

4.3.2 市场主体要素程度加深

伴随着改革开放的不断深入与对外经贸合作的不断开展，山东会展活动的市场化要素逐步加强。与此同时，欧美发达的会展经济的优势与政府垄断型会展的弊端之间的鲜明对比也让中央和山东省政府开始有意识地减少对会展活动的行政管控，逐步开展对会展市场化经营的尝试。会展活动规则的制定、法律法规的完善以及中央、各级地方政府和有政府背景的部门或单位对会展经济的监管逐步向市场化原则靠拢，会展机构自我发展的能力提升，出现了展示会、交易会、展销会、博览会、交流会等众多类型的会展活动，山东会展经济的市场化程度不断加深。该阶段的中国政府关于会展活动的两大市场化运作尝试分别是参展1986年瑞士巴塞尔样品博览会和1989年建立深圳国际会展中心。相比之下，前者主要是展出形式的市场化运作尝试，后者则主要是经营模式的市场化运作尝试。深圳国际会展中心建立并在全国率先实施市场化发展模式，这标志着中国会展市场化经营运作的正式开始。招商引资、促进地区内部与地区之间经贸活动的开展也是此时期会展举办的重要目的之一。国际上知名的亚太国际贸易博览会在中国成功举办，商业性贸易会也在山东省成功举办。这些成功案例在会展新兴领域发展、企业知名度提升、政府引资与企业融资以及经贸活动开展等方面起到积极促进作用的同时，也潜移默化地提升了山东会展经济的市场化水平。

这一时期，青岛已成为山东会展业的龙头城市，各种经贸洽谈会、青岛啤酒节、国际汽车节等知名展会使其会展城市形象日渐清晰。1990年11月，青岛市领导确定了青岛国际啤酒节由青岛啤酒厂出资并承办。1991年，啤酒节组委会成立，当时除了青岛啤酒厂，还有青岛市旅游、公安、园林等政府部门人员共同参与筹办；同年，第一届青岛啤酒节在中山公园盛大举行。前六届青岛国际啤酒节的筹办资金完全采取市场化的运作方式,政府没有提供任何资金,但是每届国际啤酒节的举办方案必须提交市委常委和市长办公室研究,并征求市人大代表和市政协委员及市民的意见。

4.3.3 会展专业化要素作用加强

改革开放以来,良好的宏观经济、招商引资的不断深入为山东乃至中国会展活动的发展注入了新的生机和活力。我国会展业的专业化要素开始展现,作用开始加强。在“九五”到“十五”的转折阶段,中国展馆的总面积由 80 万平方米跃升为 537 万平方米。① 包括山东省在内的全国各地区会展活动发展迅猛,年均增速约达 20%,以济南市、青岛市为代表的各地区群众艺术馆、科技教育馆、文化馆、文化站及文化宫如雨后春笋般纷纷涌现,山东会展经济的发展规模不断攀升,会展迅速成长为山东省重要的新兴活动之一。这一时期山东省的大型展馆数量相对较少,1.2 万平方米以上的大型展馆屈指可数,而 6000 平方米以下的中小型展馆占了相当大的比重,成为展馆建设的基础力量。相关数据统计显示,在改革开放初期,会展活动总量少,在国内落地举办的国际展会只有 6 个,出国参展办展仅 21 个;总体展会类型较少,传统展示、展览活动比例高。1997～1999 年,全国展览会举办数量分别增至 1063 个、1262 个、1326 个,其中国际展会达到半数左右。一批在国内外影响越来越大的品牌化会展项目迅速占领会展市场。例如,北京国际汽车展、上海国际家具展等都在展会规模、参展人数、活动数量、展会效益等各个方面步入国际领先水平,与知名会展企业相互竞争抗衡。② 由此趋势可明显看出,在产业要素萌生期,包括山东省在内的全国各地区会展事业的发展速度较快,会展活动数量日益提升。受国内产业环境影响,此时期的历届潍坊风筝节、山东艺术节、烟台葡萄酒艺术节等大型节事活动,以及历届风筝展销会、工艺品展销会、书画展览、乡风民俗展览等知名展销活动在会展的组织管理方面的专业化要素得到加强,专业化人才的培养与使用也有效地促进了山东会展的专业化发展。但从产业及经济总体层面上看,山东会展活动在这一时期

① 卢丽君.中国会展业发展的战略研究[D].大连:辽宁师范大学, 2011:19.

② 王新刚.中国会展经济研究[D].长春:吉林大学,2004:35.

仍属于产业要素萌生期，会展尚未被正式作为一个产业来经营，会展规模与会展数量尚显不足，专业化要素不够深入，发展潜力和空间巨大。

4.3.4 知识资源要素储备积累

山东会展活动的知识资源要素的储备积累是指山东会展企业积极进入到国际会展市场，通过参与或举办各项国际性会展活动的方式，积极加强与国际先进会展举办单位合作，积极吸取国际先进会展经验，合理借鉴会展经济发达国家和地区的国际性会展组织与运作模式，最终实现全省会展事业国际竞争力与影响力的大幅提升。改革开放后中外之间交流协作的不断加深，为中国会展经济的国际化发展带来了新的历史机遇，参加国际性会展活动被列入了中国会展业发展的重要议程。1978 年的十二国农业机械展览会普遍被业内人士认为是中国会展由“单国展览”阶段正式步入“多国展览”时代的转折点；1982 年世博会，中国馆首次出现在世人面前，引起巨大轰动，中国馆还凭借其优秀且独特的会展内容与创意性的展出方式得到了世界范围内的广泛赞誉。此后，中国首家国际性会展中心的落成，以及中国举办或参加的首届亚太国际贸易博览会、美国诺哥斯维尔世界能源博览会、瑞士巴塞尔样品博览会、澳大利亚布里斯班世博会等国际性会展活动，均有力地推动了中国会展经济的国际化进程。相比之下，山东会展市场在此时期尽管缺少此类具有相当国际影响力的展会，但以潍坊风筝节、山东艺术节以及烟台葡萄酒艺术节等为代表的大型节事活动，已经开始逐步在国内外产生一定影响力。1981 年，潍坊风筝在日本名古屋、法国巴黎和加拿大蒙特利尔展出，更对潍坊风筝节、风筝展销会与交流会的国际化进程起到了积极的助推作用。

4.3.5 组织体制要素不断提升

这一时期的山东会展活动的办展审批环节较为繁琐。首先，由于此时期处于高度集中的计划经济向社会主义市场经济转型的过渡时期，社会主义的市场经济发展刚刚起步，计划经济的色彩仍然浓重。受此束缚，组展或参展的企业与其他单位不论是在展出的形式还是在展出的内容上均要满足当地政府或上级主管部门的意愿与要求，政府在会展活动的举办方面具有一票否决权，会展活动容易受到行政掣肘。其次，此时期会展活动的举办必须要有政府批文，发放批文的主管部门要承担对举办单位的监督审查责任。在此时期，不经政府行政审批通过的会展举办单位无法举办会展活动。然而，在会展经济发达的国家和地区，会展活动的举办并不需要相关政府主管部门的行政审批，审批要素环节较为简单，这也是现今欧美会展活动高度发达的重要前提之一。

随着欧美会展经济发达国家先进经验的引入与中国会展发展经验的不断提升，此阶段山东会展经营体系得到了进一步的发展，会展的规范化要素初显，这主要体现在以下几个方面：第一，在法制要素方面。1982～1984 年，经国务院批准，相关部门和组织根据工作实践和实际需要，联合发布了两个《规定》与两个《实施细则》，对关于计划的拟订与报批、对外宣传联络、展品征集和展品运输、接待工作的分工、施工布置、展品收购等具体执行办法进行了较为明确的表述，并专门针对香港与澳门制定了港澳地区来内地举办展览的执行细则。围绕两个《规定》与两个《实施细则》，山东省政府和各级地方政府陆续出台了一系列具体执行条例，山东会展经济的法制要素得到进一步凸显。第二，在场馆要素方面。包括山东省在内的全国各地区群众艺术馆、文化馆、博物馆、展览馆、文化站、文化宫等如雨后春笋般不断涌现，其中有不少场馆都具备相当的规模。山东会展活动的场馆要素日渐成熟。第三，在协会要素方面。各类全国性与地区性的展馆协会纷纷成立，而同时期山东专门性、市场化的会展协会较为匮乏，但凭借以山东省美术家协会、音乐家协会、曲艺家协会等为代表的文艺家协会和以济南市文学艺术界联合会、青岛市文学艺术界联合会为代表的地市、企业文联在会展活动举办上的密切合作，山东会展活动的正规化与专业化经营进程发展迅猛，成果丰硕。山东会展经济的协会要素不断壮大。第四，在人才要素方面。由于此时期会展人才要素稀缺，所以会展的组织机构在会展工作人员的招募方面往往临时向本部门或其他政府部门借调一批人员来参与会展的具体执行运作，但这些工作人员大多缺乏专业化的会展项目运作经验。有鉴于此，山东省开始加强对会展专业人才的培养力度，积极提升会展工作人员在经营管理、招商布展、沟通联络、意外处理等方面的专业化水平，不断提升会展活动的专业化程度。山东会展事业的人才要素逐渐增强。

4.4 产业效益分析

4.4.1 经济效益[①]

会展经济的发展对于明确其自身的经济地位、促进相关领域的发展及加强经贸合作等方面有着巨大的促进作用。

随着展览项目的如期进行，其所在城市甚至整个国家在政治、经济、文化和社会等方方面面都受到显著的带动作用。在政治方面，相关部门的影响力得到加强，政府主导型会展活动的举办提高了政府的执行能力。在经济方面，会展活动的开展带来了经济要素的活跃迸发，经济建设如火如荼地开展起来。在文化方面，会展业是文化产业的重要组成部分，会展成果的展现繁荣了文化市场，增强了文化产品和服务的市场转化率。在社会方面，会展活动也带来了巨大的社会效益，通过会展项目的实施，国家对基础设施的投入力度增强，社会的就业机会大大增加。山东省政府相关部门高度重视会展业的积极带动效应。在改革开放之初，山东省展会类型较为单一，会展活动数量较少。但经过多年发展，20 世纪 80 年代末，包括山东省在内的全国各地区会展活动的展览面积不断扩大，开始逐步参与或举办国际或国内会展活动；至 20 世纪 90 年代中期，包括山东省在内的全国各地区共计举办国际与国内会展 1000 多个，展览面积突破 80 万平方米，会展展览面积与会展活动数量日益攀升。相关政策的集中完善也反映了会展事业地位的提升。1982 年两个《规定》与 1984 年两个《实施细则》的出台，使中国会展机构在组织管理与执行运作上有了较为规范的纲领章程，明确了有关会展活动计划的拟订与报批、对外宣传联络、展品征集和展品运输、施工布置等方面的执行细则。山东省政府和各级地方政府围绕两个《规定》与两个《实施细则》陆续出台的一系列具体执行条例，明确了山东会展企业法制化与专业化的发展方向。

---

① 一般来说，会展直接经济效益是指会展企业经营会展所直接产生的经济效益，体现了会展业投入的生产要素成本与所取得的经济收入之间的关系，是政府会展部门和会展企业衡量会展经济效益的指标；会展间接经济效益是指发展会展业对国民经济中其他行业和部门乃至对整个国民经济的影响，从而形成的全社会的间接经济效益。

前文述及，会展事业被誉为21世纪的“朝阳产业”，不仅自身市场规模大、活动链条长，而且其对地区餐饮、住宿、广告、通信、交通、旅游等延伸产业、支撑产业的带动能力突出。此外，会展活动除了能为举办国家或地区带来巨大的直接经济效益之外，还能带来一定的间接经济效益。通过会展活动的举办，国家、地区之间的政治、经济和文化交流得到加强，国家和城市的知名度得到提升，国家在会展领域的竞争力和影响力也得到很大的提升。①

这一时期，中央和山东省的会展活动一方面对会展举办地产生可观且直接的经济利润，另一方面也直接提升了会展举办地的餐饮、旅游、休闲、房地产等一系列关联产业和基础设施建设等方面的发展水平，进一步深化以会展为核心的新兴产业群的发展，为形成较为完善的会展产业链打下了较为坚实的基础。与此同时，积极参与以瑞士巴塞尔样品博览会、美国诺哥斯维尔世界能源博览会、澳大利亚布里斯班世博会和日本名古屋、法国巴黎和加拿大蒙特利尔专业展览会为代表的国际性会展活动，在宣传中国包括山东的整体形象、促进地区间经济贸易合作的同时，也进一步扩大了区域内外的市场交易量与市场规模，进一步推进了地区内外教育、金融、旅游等其他关联产业的合作，进而对本地区缓解就业压力、提升居民生活水平产生了积极的影响。

步入20世纪80年代中期，中国会展活动开始逐步褪去政治宣传的色彩，自1986年瑞士巴塞尔样品博览会上中国首次采用了摊位式展览形式以来，包括山东省在内的全国各地区会展活动的商业性与专业化程度日益加深，会展国际化与现代化趋势日益明显。从会展经济发达的国家和地区会展活动的发展经验来看，举办会展领域的活动对降低贸易壁垒、促进地区之间经贸开展等方面起到了重要的推进作用，由此产生的合作效益会直接转化为会展举办地的经济与社会效益。在此时期，一系列具有国际影响力的会展活动的成功举办在向国际集中展示中国包括山东整体形象与独特文化的同时，也在与外部信息、思想的交流中促进了与其他地区之间的经贸合作。通过会展活动，地区之间的信息、知识和思想观念得以交流，先进的科技创新成果得以宣传、展示和推广，管理模式、技术设备、优势资源得以相互借鉴，不同地区的企业与商人得以互相合作，会展

① 王新刚.中国会展经济研究[D].长春：吉林大学，2004:52.

活动推动了地区之间经贸合作的不断加深。招商引资、促进地区内部与地区之间经贸活动的开展成为这一阶段会展举办的重要目的之一。此时期山东省政府和各地市政府更加侧重于会展活动的组织与安排工作，真正在会展活动中担任主角的是参展企业，开始形成“政府搭台、企业唱戏”的运作模式，该形式对于会展业发展、当地企业的知名度提升、政府引资与企业融资以及经贸活动的开展起到了积极的促进作用。

4.4.2 社会效益

在此时期，会展对于树立和宣传山东省整体形象和提高国际知名度方面起到了一定的作用。由于中华人民共和国建立之初的经济状况、政治环境、外交政策等因素，加之在意识形态、战略同盟等方面与国际上众多西方国家的冲突与对立，一些国家特别是西方国家的广大人民对中国的了解程度远远不够，不少人对中国的印象仅停留在过去。改革开放之初的中国迫切希望早日融入国际社会，山东也迫切需要一个展示全省形象的平台，提升山东省在世人心中的形象。作为会展的重要功能之一，形象的树立与宣传对举办方和参展方知名度的提升具有不可替代的重要作用。在此背景之下，中央政府投入、组织、举办、参加了十二国农业机械展览会、首届亚太国际贸易博览会、美国诺克斯维尔世界博览会、瑞士巴塞尔样品博览会等国际性会展活动；山东省政府投入、组织、举办、参加了潍坊风筝节、山东艺术节、烟台葡萄酒艺术节、风筝展销会、工艺品展销会、书画展览、乡风民俗展览等大型节事活动和知名展销活动。这些会展活动在集中体现中国包括山东整体形象的同时，也成功地向世界展示与宣传了改革开放下中国包括山东的新风貌，对提升中国包括山东的国际影响力起到了积极的作用。

第5章　山东会展业起步期

——20世纪90年代初至2000年

5.1　发展环境分析

从20世纪90年代初起，国家陆续出台了会展相关的政策文件和法律法规，在国家政策的扶持下，山东省会展产业的各个要素培育成熟，会展产业链初步形成，成为服务业中一个较为独立的产业类型。但这一阶段的会展产业规模较小，增长速度较慢，市场结构中会展服务企业的数量不多、增量不够明显，符合产业形成的周期特征，故称这一阶段的山东省会展业为产业形成期。

随着社会分工的逐渐细化、经济的市场化程度逐渐增强，会展活动或会展经济开始出现并发展壮大起来。起初，会展只是经济领域里的一种现象，人们通过会展的物资交换、文化交流来从中获得直接或间接的经济效益。通过不断发展，会展演变成为一种新的经济运作模式。当今世界享有“城市名片”“城市面包”①美誉的会展业，依托其自身强大的资源整合力、高效的产业融合性和成本优势，已经成为当前体现地区和国家经济社会发展水平的重要指标。会展可以展示城市形象，提高城市在国际、国内的知名度②。成功的展会是最大、最有特色、最有意义的城市广告，它能够

① 即会展业对产业结构调整、开拓市场、促进消费等方面发挥重要的基础性作用。

② 在国际上，衡量一个城市能不能跻身于国际知名城市行列，一个重要标志是看这个城市召开国际会议和举办国际展览的数量和规模，一次国际会议或展览不仅可以给举办城市带来相当可观的经济效益，更能带来无法估价的社会效益。

向世界各地的参展商、贸易商和观展人员宣传一个国家或地区的科学技术水平、经济发展实力，展示城市的风采和形象，扩大城市的影响力，提高城市在国际、国内的知名度和美誉度。同时，会展业的发达，还有助于加深政府、国内外团体和商界人士彼此之间的政治认知、经济交换和文化交流。在会展业的起步阶段，山东省通过举办各种类型的会展，充分发挥各城市的地域特色和文化优势，迅速拓展各城市的国内乃至国际影响力，为提升我国的会展整体实力起到了重要的作用。

5.1.1 涉外市场分析

1. 对外开放纵深拓展

20 世纪 90 年代以来，我国在政治、经济、文化和社会等各个方面都取得了一定的成就，政治环境优越，经济总量增强，文化氛围浓厚，社会生活井然有序。我国的科技、教育、医疗、文化等事业也取得了显著进步，1990 年之后国内生产总值和人均国内生产总值递增显著（见图 5-1）。实践证明，坚定不移地推行改革开放政策，是由我国社会主义初级阶段的基本国情和错综复杂的国际政治经济环境所决定的，同时也是契合社会化大生产和加快社会主义现代化建设的客观需求，开放发展是深化认识发展规律的科学理念。

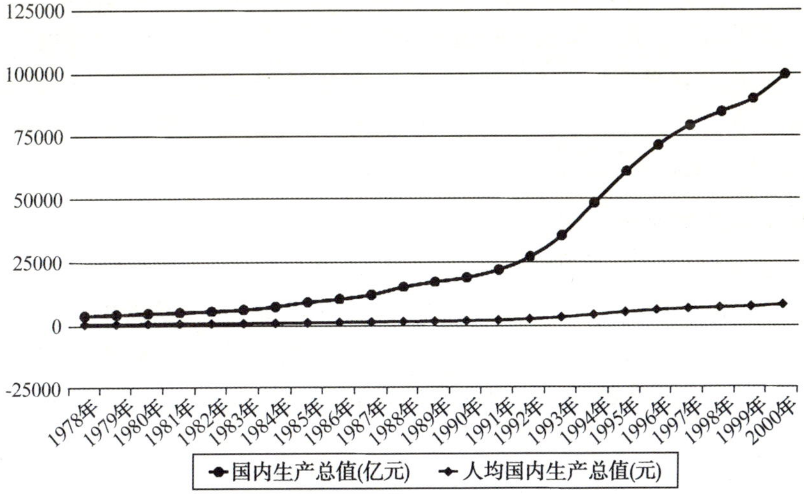

图 5-1　1978～2000 年国内生产总值（亿元）及人均国内生产总值（元）①

① 林英华. 中国会展业的发展及其在对外开放中的功能与作用[D]. 广州：暨南大学，2010：21.

随着对外开放政策的持续开展，我国的国际竞争力得到了很大的提升。首先，通过国内市场和国际市场的有机结合，资源配置水平得到提升，资源有效利用率得到充分增强。我国借鉴国外创新理念及先进技术，在更大范围内实现区域间的优势互补、不同资源的互通有无，积极鼓励我国的优秀行业代表进军国际市场，通过与发达国家的交流与合作，迅速缩短我国与其他发达国家的整体差距，从而有效地提升我国的国际竞争力和影响力。其次，通过拓展对外开放的渠道和平台，大力实施“引进来”战略，加强对外贸易和对外经济交流与合作。通过进一步扩大外资投资领域，引进国外先进技术设备，鼓励外商企业积极参与我国落后技术改造和重点建设项目，实现市场要素集聚的多元化。总体上看，扩大对外开放既可以极大地满足我国经济与外资经济互通有无的需求，还能有效地促进我国社会文化等相关领域的发展。同时，推进对外开放纵深拓展，有利于形成从我国东南沿海到中部内陆地区全方位、立体化的对外开放格局。为促进中西部等经济落后地区的开发和经济振兴，中央政府和相关地方政府一直在不断推进中西部地区的对外开放进程。在此大环境下，各地区积极抓住历史机遇，通过各种平台吸引更多的外商投资。会展是一个可以将本地区的特色商品、服务以及地域文化传播到其他地区乃至国外的有效途径，同时也可以成为搭建国内外先进科学技术、管理经验以及人才等交流的重要平台。1997 年，国家主席江泽民亲笔为第二届 APEC 国际贸易博览会①题词“平等互利，彼此开放，共同繁荣”，更体现了会展活动开放、互通的本质。

对于山东省而言，自 20 世纪 90 年代起，其亚太地区的东部近邻日本、韩国开始进行产业结构调整，产业结构逐渐从以劳动密集型为主导向以技术、资本密集型转变，这恰恰为地处东部沿海的山东省提供了一个进军出口制造业的机会。受益于全国对外开放坚持从东、中、西梯级推进的战略布局，山东省的对外开放主要区域对位于亚太地区，这与当时国家制定

---

① 第二届 APEC 国际贸易博览会于 1997 年 6 月 6～10 日在中国烟台市举办。中国政府十分重视这次国际性的贸易促进活动，时任国务院副总理李岚清亲自到会参加了开馆式。本次博览会从整体策划到举办的规模、层次和质量都赢得了海内外来宾的高度评价和赞誉。APEC 发起人、澳大利亚前总理霍克先生对这次博览会的成功举办表达了高度的认可。

的对外开放战略和国际产业分工格局相吻合。总体而言，在 20 世纪 90 年代，山东省迎来了千载难逢的全方位开放的良机。山东省在推进对外开放工作时，重点剖析了在对外开放的实践过程中存在的诸多不足，主要表现在三个方面：首先，有相当一部分国有外贸出口型企业的管理水平低下，经营机制僵化，企业亏损日益严重，甚至出现产品出口量越大，企业亏损越严重的问题；其次，产品外销率较低，出口产品科技含量低、综合附加值不高；第三，资金、技术等要素“引进来”的效果一般，国外投资到位率、外资项目开工率较低，外资使用效率及增资扩资比例较低等问题较为突出。针对上述问题的出现，山东省相关部门积极制定具体的应对方案，力图从各个方面入手全面推进对外开放工作的开展。另外，山东省政府提出，要采取措施实现对外开放的经济效益和社会效益。

2. 跨国公司进入市场

随着 20 世纪 90 年代经济全球化、一体化趋势日渐明朗，绝大多数有规模的跨国公司更多地向国外经济渗透，积极地拓展更大的海外市场，并将这些列为公司发展的重要目标。各国的企业都试图在国外市场开疆拓土，对外出口贸易额不断上升，同时向他国输出自身的管理理念和生产技术。中国作为世界上最具发展潜力的国家之一，改革开放以来国内经济一直处于高速增长状态，特别在 1992 年和 1993 年，中国经济增速一直维持在 12%的高位，拥有数量众多消费者的中国市场正在逐步变成世界范围内的超级市场。随着社会主义市场经济的不断完善和市场化进程的加快，尤其是中国在申请加入世界贸易组织（WTO）的契机下，一方面中国按照入世谈判的承诺进一步对外开放国内市场，允许更多的外资进入我国多种市场领域，当时绝大多数具备全球化战略部署的跨国公司开始计划进入中国市场；另一方面，发达国家各大跨国企业都需要通过一个适当的途径来展示和宣传自己公司的产品和服务，有的甚至是有公司独特的企业文化和经营理念等，趁机谋求在更多领域与中国进行管理经验交流、经济技术往来以及人才交流等，这些都极大地促进了中国会展经济的迅速发展。

从 20 世纪 90 年代初开始，由于我国劳动力成本较世界发达国家而言是相当廉价的，因此越来越多的外国厂商相继开始将生产工厂迁移到中国，并从 20 世纪 80 年代末起开始在中国大规模投资设厂。我国在1994～1995 年连续两年成为全球第二大、发展中国家第一大外资接收国，这其中也不乏一部分公司采取的是防御性追随战略以预先占领市场[①]，此时它们面临的市场风险已远低于第一批进入中国的跨国公司，同时前期的跨国公司的成功经验使得其他同业竞争者蜂拥而上。相关部门的统计资料显示，截至1996年，全球500强跨国企业中有超过五分之一已经开始入驻中国市场，其中就包括德国、美国、日本等发达国家的跨国企业。[②] 日本前17家大型跨国公司、德国前9家大型跨国公司已经开始在中国投资。[③]

总体而言，自20世纪90年代开始，跨国公司进入中国的浪潮对中国当时经济产生的影响是较为深远的，在总体上有利于中国经济全球化的发展，使中国在当时的世界经济背景下能够及时调整战略布局，紧跟全球经济发展的步伐。

5.1.2 国内市场分析

1. 国企改革经历阵痛

纵观历史，国有企业几乎在各个国家都或多或少地存在过，尤其是二战之后，绝大多数国家纷纷成立众多国有企业，为战后各国的经济恢复和建设做出了巨大的贡献，这一点在社会主义国家表现得尤为突出。不过到20世纪80年代末期，国企问题日渐凸显，国企改革势在必行。有学者就曾经提出了国企改革阵痛的说法，主要存在以下观点：一是国有企业普遍存在过度冗员的问题，多年发展积累下的员工数量与工作岗位数量不匹配现象较为普遍。二是多层次、深根源的国企管理机制问题。种种迹象表明，由于很多国有企业经营效率低下、无法自负盈亏，导致政府需要不断对其进行财政补助，国家无法维持这一状况后，不得不对其进行体制改革，改变国有企业整体经营状况，通过拍卖国有资产、裁员等方式充分调动企业员工的生产积极性，改变并扭转国有企业经营不景气的惨状。解决方法应着眼于建立健全企业、人员、产能、市场的优胜劣汰机制，着重从政策调整和宏观经济体制改革中去寻找“软着陆”的办法。另外，需要坚持政企分开的原则，明确界定和厘清国有企业产权关系是坚持政企分

---

① 即指在当发现同业竞争对手已经进入中国市场而且获得巨大收益时，出于占领市场的目的，也开始加入到进军中国市场行列的企业战略。

② 王志乐.对外商直接投资几个问题的探讨[J].国际经济合作，1996(5):4-7.

③ 卢新德.十三年来山东对外开放的成功经验[J].山东理工大学学报：社会科学版，2004，19(5):7-11.

开的关键所在，切实解决好国家对于企业的财产权分配问题，保证国有企业对于财产的支配权和使用权。1978 年开始，国家从运营方面对国有企业进行大刀阔斧的改革。1987 年起，国企改革重点是开始进行政府经营权到企业所有权合理平稳的过渡，但产权问题也为以后国企发展带来了一系列问题。进入 20 世纪 90 年代，国企开始积极推进建立健全现代企业制度，以此满足党和国家对国企的要求以及社会发展的需求，并对国企的产业布局和不合理的结构进行相应的调整。① 显而易见，国企改革是利大于弊的，但是改革也给整个国家和社会带来了不可忽视的问题，比如工人下岗、失业等社会问题。

山东省拥有数量众多的国有企业，这些企业在全省的经济和社会发展中处于主导地位，但是从总体上看，企业市场活力和市场竞争力较差，企业员工参与生产管理、创新发展的积极性较弱。因此，从整体上转变国有企业的传统经营机制是解决问题的关键，同时这也成为我省 20 世纪 90 年代发展经济的重要举措。能否搞活国有企业，尤其是搞活国有大中型企业在很大程度上决定了 90 年代经济发展的成败，对山东省来说也不例外。

2. 民营企业快速发展

国有企业改革启动后，一方面，相当一部分国有企业以建立现代企业制度为目标，逐步推进企业资产所有权与生产经营权相分离的企业制度，致力于发展形成以国家所有为前提、民间主体经营的新型现代化企业；另一方面，改革开放进入 20 世纪 90 年代后，由于民营企业更能适应社会主义市场经济和社会化大生产的发展要求，逐渐开始进入到人们的视野，其发展也呈现出一片生机勃勃的景象。在这一时期众多的民营企业中，以家电生产商海尔②、康佳③等企业最具代表性。

这一时期民营企业的快速发展与世界经济发展形势以及我国采取的一系列扩大内需、带动经济增长的财政政策和货币政策是分不开的。20 世纪 90 年代初，世界各国经济形势普遍呈现出稳步增长的态势，这一

---

① 崔承天. 如何渡过国有企业改革的阵痛[J]. 管理观察，1995(10)：14.

② 20 世纪 90 年代末，海尔集团通过“国际化战略”统领整个发展蓝图，不断增强海尔在国际上的影响力和竞争力。

③ 20 世纪 90 年代，康佳结合具体环境和本身的实力水平，抓住机遇，大胆创新，采用“低成本扩张战略”，在有限的资金投入下达到了扩张产销地的目的。

良好的外部经济环境极大地促进了以出口导向型为主的民营企业的发展，同时，国内一系列扩大内需的积极措施也为企业拓展国内市场、增加产品销售额提供了良好的内部经济环境。90年代中后期，国家经济结构调整过程中采取的一系列改革措施，为民营企业提供了更大的发展空间：在法律层面上，经过修改宪法后，承认民营经济是社会主义市场不可分割的一部分，使得民营企业从此具备了同国有、集体所有制企业公平竞争的发展地位，为民营企业今后的快速成长提供了发展平台；在政策层面上，政府部门通过职能转换进一步解除对民营企业发展的不合理约束，鼓励民营企业更多地参与国内外市场竞争，在财税方面给予政策优惠以增强民营企业的发展动力。民营企业的快速发展致使市场竞争的激烈程度进一步加剧，因此民营企业经营者产生了对外展示企业商品、服务和文化的需求，进而促使民营企业积极加入到办展、参展的队伍中，为会展业的发展奠定了坚实的市场基础。

3.展销需求不断扩大

从20世纪90年代到21世纪初，经过我国对外开放不断的纵深拓展，企业逐渐意识到对外开放政策能够实现互惠互利的目标。但是我国市场经济体制尚不成熟，生产技术和管理理念相对落后。随着社会经济改革有条不紊的展开，原有僵化的企业运行机制被盘活，伴随着先进设备的引入，企业原本固有的资源得以再次被有效利用，并根据市场需求生产适销对路的产品。大型跨国公司一直希望趁机进军中国市场，在国有、民营企业无法提供优质产品的领域，跨国公司正在加快其拓展市场的脚步，不断吞噬着我国企业的市场份额。但由于渠道等客观存在的因素，跨国公司的发展遇到了相当大的阻力，其迫切需要通过展销会、推荐会等方式向专业客户及消费者展示其产品或服务的独特优势。

我国推出了一系列政策措施，推动民营企业尽快实现转型升级。民营企业，特别是中小型民营企业也逐步崛起，发展成为我国市场经济的重要组成部分。但是受限于其生产规模较小和营销成本较高等客观因素，民营中小企业在产品的推广上力度不足。会展能够为其搭建产品展示的平台，因为会展活动本身具有一定的集聚效应，能够为信息沟通和产品交易提供方便快捷的平台，对降低买卖双方之间的交易成本十分有利。吸引社会各界人士参与到会展活动当中，不但可以进行产品的交易并结识专业客户，还能更加高效地对外发布新的产品信息，通过参展企业经营者和管理者进一步了解最新的市场动态、行业和产品信息等。与其他传统的营销工具，如上门推销、电话推销、邮寄印刷品等方式相比，会展是参展企业借机对外宣传企业形象、提升产品信誉度和知名度、行业间进行信息交流和沟通的最佳途径，也正是基于以上多个原因，民营企业对展销的需求也十分迫切。同时，要求政府能够简化行政审批手续，简化办事程序，提高会展服务效率，降低行政行为中的随意性和主观臆断性。①

总体而言，对外开放的深度拓展及国内市场经济的发展，推动了跨国公司的大量涌入、国有企业改革和民营企业的蓬勃发展，有效带动着各地区和各城市依托各种会议、展览等形式积极对外宣传和推广企业的产品和服务。在会展业获得长足发展后，又对城市功能和品牌的提升、城市环境和产业承载力的提高产生了积极的影响，如山东省知名的青岛国际啤酒节、曲阜孔子文化节、泰山国际登山节、潍坊国际风筝节等大型会展活动都有效地通过会展这一平台提升了城市整体形象，提高了城市的国际知名度。当前，各个城市都在努力通过举办形式多样的会展来搭建宣传平台，积极推进招商引资、贸易洽谈、人才引进和技术合作等各项工作。

5.2 产业特征分析

20 世纪 90 年代之后，在国内经济建设稳步前行的同时，随着国际贸易的深入发展，国内外的厂商迫切需要一个有效的平台来对外展示企业的产品和服务，同时需要与国内外不同厂商进行人才、技术等的合作交流，因此会展业这一朝阳产业也在我国各地繁荣发展起来。在这一历史新时期，从大型城市到区域中心城市都开始创办自己的会展品牌，“会展搭台，经济唱戏”的丰富化办展形式蓬勃发展。

5.2.1 地域品牌化

改革开放以来，中国的会展业逐渐呈现出产业要素凸显、产业特征明显和产业整体形成的局面。改革开放为中国会展市场的发展壮大提供了重要的机遇。1990～2000 年，会展业逐渐发展壮大，产业要素日益健全。

① 刘丽娜. 中小企业支持政策的作用路径分析[J]. 特区经济，2014 (2)：199-202.

1997年，全国会展数目就超过了1000个，此后会展数目开始以超过20%的增长速度迅速攀升。在这期间，会展业的国际化水平也有所增强，中国的国际会展与国内会展数目相当。北京、上海、广州、深圳等地的知名会展企业开始纷纷拓展海外市场。品牌会展陆续进入人们的视野，在参展商的数量、参展人数以及会展服务质量等方面，这些展览的水平与国际水平几乎不相上下，而且全部被纳入全球行业展览计划当中。目前，有200家左右的展览公司获得了官方批准的主办和承办国内展览或出国展览的资格，与会展相关的各类服务行业，如运输、通信、广告宣传、餐饮、旅游等随之发展壮大，我国会展业初步形成了国际化、专业化、品牌化的发展新格局。

经济全球化加剧了会展业的繁荣发展。会展活动的开展促进了物资交换、文化交流和商务合作，带来了经济效益和社会效益的增长。由于北京、上海、广州、深圳等国内一线城市在市场、人才、资金、信息和技术等方面的天然优势，这些城市的展馆建设也日臻完善，区域性会展中心的功能开始凸显，会展业在这些城市呈现出一派欣欣向荣的发展势头，就举办会展的数量和规模而言，上述城市基本上占据了我国会展总量的半壁江山。在这些区域性中心城市的带动和影响下，其他地区政府和企业经营管理者也逐渐意识到会展业产业链所蕴含的巨大经济价值和社会价值，自此我国会展业开始进入自东部沿海向内陆拓展的历史新阶段。到了2001年，全国各地纷纷拥有了自己的会展品牌，推动城市会展业在社会中形成品牌联系与消费动力，并进一步形成品牌资产。① 作为全国的政治文化中心，北京拥有被人们熟知的北京国际汽车展、北京国际通信展等；作为全国的经济中心，上海拥有上海国际家具展等；珠海则有驰名中外的珠海国际航空展。

会展活动只有探索出适合本身发展的品牌化道路，才能在数目繁多的展会项目中立足。浙江省义乌市历来都以小商品交易展会闻名全国。在谈到义乌市未来的发展模式这一问题时，义乌市会展办公室主任王国成就提出：义乌市的小商品会展领域要开拓出一条品牌化、特色化、专业化的运营模式，只有通过品牌展会的带动效应才能实现义乌市会展业的

① 黄合水.品牌建设精要：打造名牌之不二法门[M].厦门大学出版社，2004:33.

繁荣壮大。这一阶段山东也出现了自己的专业展会品牌。① 啤酒虽然是舶来品,但是青岛啤酒作为中国最著名的啤酒品牌,多年来坚持围绕其自身打造青岛国际啤酒节,已经成功发展成为国际上最著名的大型节会展览之一。青岛依托青岛国际啤酒节、中国青岛海洋节、中国国际电子家电博览会、亚洲美容美发展等知名展会,促进全市会展业整体实力及城市发展水平持续、快速提升,目前已经坐稳了山东会展业的"旗舰"位置。济南作为山东省省会,虽然其发展会展业的时间相对较晚,但也正逐步通过中国(济南)国际信息技术博览会、全国糖酒商品交易会、中国国际农产品交易会以及文博会、茶博会等知名会展品牌的打造,迅速扩大了城市知名度和影响力。作为山东省知名的会展城市,烟台先后举办了诸如亚欧会议旅游合作发展论坛暨展览会、国际葡萄酒展览会、烟台果蔬·食品博览会等具有较强影响力的知名会展,大大提升了城市国际影响力;泰安市依托五岳之首的泰山文化,打造的泰山国际登山节也在登山界具有一定的国际知名度;作为儒家文化的起源地,曲阜有着得天独厚的历史文化资源优势,也正在全力打造曲阜孔子文化节的会展品牌;我省自古就有着雄厚的农业基础,尤其是果蔬方面享誉全国,寿光菜博会在全国乃至全世界都具有一定的知名度……这一时期,会展业在我国可谓遍地开花,各级政府也在积极主办、承办一些大型的会展活动,全国会展业呈现出一派欣欣向荣之势。

5.2.2 文化品牌化

一般来说,会展的主办方及会展的举办城市通过前期投入大量的人力、物力以及巨额资金,并且通过组织开展会展活动向社会各界释放各种信号,完成了本地区会展品牌这一无形资产的增值,并且间接地使得会展举办地的城市综合影响力得到提升。所以,品牌会展被看作举办城市的

① 时任山东省贸促会副巡视员的祖庆林提到,像依托当地产业优势举办的东营石油装备展、广饶橡胶轮胎展,分别已举办了 4 届和 3 届,受到国内外参展商、采购商,各级政府和机构以及国内展览界的好评,取得了良好的社会效益和经济效益,并成为"国内一流、国际知名"的专业展会。

“城市名片”[①]，如中国进出口商品交易会（即广州交易会）、上海工业博览会、博鳌亚洲论坛等知名会展便印证了这一道理。会展业的发展充分与当地的经济建设和文化特色相结合[②]，并针对文化背景下市场的细分情况进行有效的品牌经营和运作。通过品牌会展的开展与城市整体建设相结合，积极塑造城市形象，并且积累优质的城市会展品牌资产，通过参展商和观众对会展品牌的真实情感和心理回应获取社会经济效益。[③] 山东省是齐鲁文化的发祥地，自古就有丰富的文化资源，是著名的孔孟之乡、礼仪之邦。青岛作为闻名中外的海滨度假城市，同时有着完备的基础设施，因此青岛顺利成为2008年北京奥运会帆船比赛的东道主城市；济南作为中国顶级足球俱乐部——鲁能泰山俱乐部的主场所在城市，也是2004年亚洲杯足球比赛的承办城市之一，足球文化在这个历史文化名城遍地可寻。另外，山东省积极打造出诸如曲阜孔子文化节、泰山国际登山节、鲁台经贸洽谈会和寿光蔬菜博览会等一系列极具地域特色的国际知名、国内驰名的自主会展品牌，这些会展无一不是服务于当地的经济建设或者与当地的特色文化相结合的，这种办展风格在这一时期尤为明显。

进入21世纪，山东省正在逐步提升会展行业与文化结合的组织运作水平。2004年，在中国贸促会发布的会展经济报告中，山东省的主要会展城市，尤其是青岛、烟台都被列入了以北京为首的环渤海会展产业带。[④] 其中青岛和济南还一度被评为“中国会展名城”的候选城市。上述的种种成绩都显示出，充分彰显“文化气质”使山东省的会展产业能够在全国占据一席之地，且具有较大发展空间和发展潜力。

---

① 指能够充分反映当地文化、经济特色，代表城市品牌形象和文化内涵的优质地方特色产品、特色景致、标志性建筑等。

② 即充分发挥地域文化资源优势，有效挖掘和摄取有价值的文化素材和元素，通过各种手段研发品牌资产的形成和作用机制，从特色文化角度不断塑造并提升会展品牌的个性。

③ 刘海洋.基于地域文化的会展品牌营销策略研究[D].沈阳：沈阳理工大学，2012：12.

④ 改革开放以来，中国会展业在各城市发展迅速，形成了“环渤海、长三角、珠三角、东北、中西部”五个会展经济产业带。环渤海会展经济带以北京为中心，以天津等城市为重点，其会展业发展早、规模大、数量多，专业化、国际化程度高，门类齐全、知名品牌展会集中、辐射广。

5.2.3 专业[1]品牌化

会展由传统自发的摆地摊式的纯商品展示形式开始向更高水平的形式发展。发展到20世纪90年代后的国内会展已经趋于常态化，而举办国际会展的形式也越来越多样化。[2] 专业性会展有以下几个特点：会展的主题鲜明，大多数是以一个行业或一类产品作为会展的主要展示内容；会展举办方和参展方都非常重视会展平台对自身产品的宣传作用，有利于扩大市场知名度；通过专门展直接在展会上形成企业订单，产业带动效果比较显著，参展方往往可以直接获得经济效益，专门展一般以对外出租展位为主，针对某一行业的企业参展方招租获得办展收入。国际比较知名的专门展，如法国巴黎时装周、意大利米兰时装周等，是针对服装设计行业的。国内比较知名的有北京国际汽车展、珠海航展等，分别是针对汽车厂商和飞机生产商举办的专业型展览，参展商与客户都具备一定的专业水准。

在这一阶段，山东省的专业品牌性展会很好地起到了促进沟通和贸易的作用。首先，在展会中可以向参展商和观众提供联系和交易的机会，参展商可以在展会中深入接触买主，购买商可以在展会中广泛了解产品。其次，参展商可以在潜在的客户中抓住营销机会，开展洽谈工作，直至订单的签订，这样买卖双方就可以在展会期间完成产品推广、交流信息、建立联系和签约成交的完整过程。在短短几天的会展期间，参展商能够通过多样的展会形式接触到几乎是整个行业生产者和部分大客户。另外，参展观众可以通过展会充分了解本行业的发展行情、前沿产品和服务信息。通过倾听、观看、比较和筛选，参展观众可以迅速锁定自己所感兴趣的目标展商。然后，通过当面交流沟通、咨询专业问题，进而达成成交意愿。现在的会展形式和办展模式多种多样，而国际大型展览和各行业专业博览会则代表着本行业发展的最高成果。在经济全球化的今天，大型国际展览和博览会的成功运作极大地推动了行业间在国内和国际上的交

---

① 按照会展的专业主题性质划分，主要有两种形式：一种是针对某一行业或产品而举办的专业会展、推销会，一种是大型综合性博览会；按照其参展地域及参展国家数量，又可以把会展分为国际会展与国内会展两大类；按照规模大小进行划分，可以将会展分为小型、中型和大型会展。

② 刘大可. 展览会组织与经营[M]. 北京：中国人民大学出版社，2012：159.

流合作。大型综合性博览会一般具有以下几个特点：第一，博览会一般由政府主导，即政府办展为主，政府的间接影响职能主要体现在协会型和市场主导型展会的组织和实施过程中[①]；第二，博览会涉及面广且展会规模相对较大，具体体现为参展的产品种类比较全面、参展方的数量较多；第三，参与博览会的主要观众不再以专业客户为主，而是以社会普通大众为主，因此博览会举办方在举办之初就需要考虑展览的内容是否通俗易懂等；第四，由政府主导举办的博览会还有提升社会影响力的作用；最后，大型综合博览会的收入主要是以门票为主，而不是像普通专门展会靠对外出租展位获取收入。

5.2.4 品牌格局差异化

相关部门统计数据显示，2000 年我国展览数目比 1999 年增加了 13.12%。[②] 会展业具有高度的产业关联性，会展业的高度发展成功带动了酒店餐饮业、旅游规划业、广告宣传业、交通运输业等相关联产业的发展。国内一二线城市正在不断提升其会展举办能力和服务功能，会展经济如火如荼地发展，并形成了以北京、上海、广州为中心，大连、深圳、成都等一些大中城市组成的会展城市群，其专业展览会的知名度有了大幅度的提高，会展的规模明显提升。

1990 年以来，我国会展业的年均增速高达 20%。会展业的直接经济效益开始达到数百亿元，间接经济效益开始达到数千亿元。[③] 同时，国内几大展览中心城市也进入了竞争状态。从全国范围来看，基本上形成了北上广三大城市展览中心，但是广州除了每年的广交会之外别无其他著名展览会，所以并未成为真正意义上的会展中心城市。因此，关于全国最大的会展中心城市的竞争就在北京和上海之间展开。截至 2000 年，北京市区有 12 座能够投入使用的展馆，尽管拥有超过 12 万平方米的总面积，但仍稍逊于上海。为了满足政府和企业旺盛的办展和参展需求，北京持续推进建设新的大型综合性展馆和改建或扩建原有展馆。上海依托其经

---

① 陈向军，田志龙. 我国会展经济发展的问题与对策研究[J]. 北京工商大学学报：社会科学版，2001，16(5)：1.

② 王新刚. 中国会展经济研究[D]. 吉林大学，2004：13.

③ 数据来源于智研咨询发布的《2016～2022 年中国展会展览(会展)市场研究及投资前景预测报告》。

济中心城市的地位，始终致力于成为中国最大乃至整个亚洲最大的会展城市。虽然在数量上，北京展会要多于上海，但是也出现了北京展会逐渐向上海迁移的现象。

从山东省来看，这一阶段会展发展最好的三个城市当推青岛、济南和烟台。作为全省的文化政治中心，济南承担着几乎省内所有规格较高的文化展出，同时由省政府主办的会展也绝大多数在济南举办；青岛作为全省的经济中心和国际知名城市，更多的是承担着为各类生产型企业和外商提供展示的平台的责任，其专业展览（如青岛啤酒节）的知名度也比较高；烟台由于其靠近日韩的独特地理优势，其国际汽车工业展有着相对较长的历史和较高的知名度。同时，根植于当地自有文化特色而举办的文化节会也在全省遍地开花，如曲阜孔子文化节、泰山国际登山节、潍坊国际风筝节等大型节庆会展在国内外也都产生了一定的影响力。总体来看，进入 20 世纪 90 年代，在国家大力发展会展经济的政策带动下，全省会展有了一个质的改变，未来山东的会展前景也十分值得期待。

5.3 产业效益分析

会展经济作为 21 世纪的“三大无烟产业”之一，对一座城市、一片区域的经济发展有着巨大的推动作用，它作为一个高收入行业，利润率一般能维持在 25%左右。会展业因其对相关行业的带动效应已成为拉动经济增长的重要手段。与此同时，会展业兼具对外连接的桥梁和向外展示宣传的窗口等功能，在促进经贸洽谈、商品进出口、信息交流及技术引进与输出等方面发挥着不可忽视的作用。会展能为区域经济带来巨大的经济效益，具体而言，会展活动的核心收入一部分由使用会展场馆的收入和会展组织服务收入构成；另一部分收入则是通过举办会展活动拉动与会展周边行业融合发展产生的收入，主要包括酒店餐饮业、创意文化业、旅游规划业、交通运输业、广告宣传业等与会展业高度融合的关联产业的总收入。①

会展活动在实现经济效益的基础上也为举办地带来可观的社会效

① 刘民坤.会展活动对主办城市的社会影响研究[D].广州：暨南大学，2009：12.

益。其直接的社会效益主要体现为：拉动城市基础设施投资和为招商引资提供便利等，从而推动产业发展，促进产业结构的调整和区域经济的发展。① 其间接的社会效益主要体现为：提升城市的品牌形象，同时提高城市在国内与国际上的知名度，优化城市或区域投资环境，为本区域创造更多的就业岗位，极大地丰富当地群众的物质文化生活等。另外，会展业是一个高度关联的行业。通过会展业的开展，相关联行业如酒店餐饮业、旅游规划业、交通运输业、广告宣传业等也得到了相应的发展，产业结构得到了优化升级，产业要素得到了合理配置。中国的会展企业还可以利用自身的优势资源，走向国际市场，参与国际商品供应链等活动，由于其自身产业的连带效应十分巨大，因此通过举办会展，通常可以获得巨大的经济效益和可观的社会效益。②

5.3.1 经济效益

通过会展活动的成功举办，会展城市可以产生巨大的经济效益。由于举办会议或展览没有时间和行业的限制，而且会展活动是"无烟产业"，符合可持续发展原则，对其他行业带动性大，因此会展业必将成为今后城市或者区域的新的经济增长点。会展业在经济结构中的作用越来越凸显。据统计，1994 年美国展览业的直接产值约为 760 亿美元。当然，这个数字只是指会展活动的直接收入，不包括因会展活动的开展带来的间接收入。③

会展的举办之所以能带动产生巨大的经济效益，主要有以下两个原因：第一，由于各企业、各级政府对会展都有着旺盛的需求，会展业市场潜力巨大，前景比较乐观。随着当代经济和科技的迅猛发展，交流和展示自己的新产品日益成为习惯性需求，并且越是经济低迷时期，促销力度也越大，所以即使低迷的经济状态一般也不会影响到人们对会展的需求。第二，行业辐射效应强且持续时间较长。开展会展活动本身就是将各种商务洽谈、贸易合作、信息交流、游览观光以及文化娱乐等活动聚集在一起。

---

① 马光伟. 山东省会展经济发展问题研究[D]. 济南：山东大学，2006：23.

② 应丽君. 21 世纪中国会展经济与会展业[M]. 重庆：重庆大学出版社，2010：54.

③ 吴煌森. 北京市会展业的发展现状和对策研究[D]. 北京：对外经济贸易大学，2003：35.

同时，会展所涉及的相关行业也是十分广泛的。旅游、餐饮、休闲娱乐等相关行业都可参与其中。所以，举办大型综合会展可以在最大程度上带动本区域内各行各业的均衡发展，形成有效的行业联动。一次大型会议或大型展览所能带给相关产业的产值约是展会本身收入的9倍。换言之，如果一场展会举办下来有1万元的收入，那么餐饮、住宿、旅游等相关产业就能产生9万元的经济收入。

以2000年为例，我国入境旅游市场的游客组成结构为：41.3%为观光度假旅游，36.2%为跨国商旅，3.1%为参加会议，1.2%为宗教朝拜，8.9%为探亲访友，3.4%为文化科技交流，0.9%为健康疗养，其他则占5.0%。这其中，商务、会议、交流合计共占到42.7%（见表5-1）。也就是说，观光度假和商务旅行分别占到了旅游市场份额的四成以上，而很大的一部分商务旅游是与会议展览相关的。香港有“展览之都”的盛名，其每年都有3%的游客入港是为了参加各项贸易展览会。香港展览会议协会通过调查后发现，参加会展的游客的消费能力普遍较高，根据统计，其消费能力一般为普通观光旅游者的2～3倍；另外，参加会展的游客一般选择在当地旅游，在当地总共停留的时间大概是普通游客的2倍；普通游客回访率大概只有34%，而参加会展的游客4次以上的回访率可以高达70%。①

表5-1　　2000年我国各入境旅游项目所占的比例

组成项目	所占比例
观光度假	41.3%
跨国商旅	36.2%
参加会议	3.1%
宗教朝拜	1.2%
探亲访友	8.9%
文化科技交流	3.4%
健康疗养	0.9%
其他	5.0%

① 陈丽敏.国际会展旅游名城香港案例分析[J].中国会展，2007(17)：58-60.

5.3.2 社会效益

一直以来,会展业都被称作“经济盛会”“城市符号”“合作平台”和“城市形象的塑造者”。作为一个城市经济发展的新增长点,会展业能够产生巨大的社会效益。而且,城市通过举办会展,综合形象和知名度得以提升,辅助会展举办的基础设施建设到位,从而直接地改善了当地居民的生活环境,提高了生活质量,加强了招商引资的力度。它还能间接带动其他相关产业的发展及产业间科技信息的交流。由于会展业和其他行业发展的关联性较大,可以带来庞大的消费群体,同时会展业需要服务支持人员,这也间接创造了就业岗位,缓解了社会的就业压力。也就是说,举办会展还可以进一步产生相当可观的社会效益。

会展业提升社会效益的原因主要体现在:首先,会展是提供展示和推广产品、技术工艺的有效途径和平台。追溯历史,具有划时代意义的伟大发明一般是借助会展的平台向外界进行展示和推广的,比如第一辆蒸汽式火车、电话机、留声机、电视机等。其次,举办会展对城市的基础设施功能提出了挑战,需要大量的基础设施建设和场馆建设,从而间接地改善了当地居民的生活环境,提高了居民的生活水平。第三,会展除了自身能传播知识和传递新理念的功能外,还可以促进社会各主体之间的交流与沟通,吸引世界各地的参展商和观众前来参展洽谈,对城市的基础设施建设和综合服务能力提出了新要求。① 因此,为了满足举办会展期间人们的各种需求,涌现出大量的工作岗位。比如针对会展的组织策划公司、广告宣传公司、餐饮、酒店等,在一定程度上缓解了城市人口的就业压力。第四,展览会可以起到对外宣传、促进经济合作的作用。无论是什么样的展览会,总是会和经济活动有着千丝万缕的联系,比如经贸洽谈、商务会议等。通过举办展会搭建一个良好的沟通平台,让展会为树立城市品牌形象服务。通过举办大型会展能够对外宣传城市形象,提高举办地的国际声誉,如伦敦、法兰克福、慕尼黑、纽约等城市都通过大型展览项目的成功运作增强了其在全球的知名度和影响力。现在,会展业已经成为“城市名片”和“城市代言”。最后,借助举办会展的这一

---

① 史国祥,贺学良.会展经济[M].天津:南开大学出版社,2008.136.

契机，不仅可以为城市树立良好的公众形象，还能让企业借机对外展示自己的品牌产品和服务，为整个城市吸引外资、改善投资环境、做好对外宣传服务作出巨大的贡献，也为企业未来的“走出去、引进来”奠定了坚实的基础。[①]

① 来逢波．会展概论[M]．北京：北京大学出版社，2012：97．

第6章　山东会展业成长期

——2000～2014年

6.1　发展环境分析

21世纪以来，我国的经济建设迎来了新的“发展机遇期”。作为新的经济增长点，会展产业的开放程度也在不断加深。2000年后，全国上下大力落实第十个五年计划，国家开始将教育、文化等作为重点建设领域，这为会展经济的快速发展奠定了基础。我国会展产业的增长速度不断加快。地方各省市也积极响应国家号召，纷纷出台各项政策措施，大力发展会展经济。山东省在这一历史时期下会展业开始迎来突飞猛进的发展势头，与会展有关的服务企业数量不断增多且快速成长，会展业开始进入产值大幅增长时期。山东省会展产业开始茁壮成长为新兴产业①，这一阶段也被称为山东省会展业的成长期。

6.1.1　宏观经济环境分析

会展经济所处的阶段层次是由国家的宏观经济环境所决定的。2001年以后，全球化的经济特征开始辐射各个国家，我国的经济开始进入转型升级期，进出口贸易额扩增较快，这无疑为会展产业的成长提供了丰

---

①　所谓“新兴产业”，是指随着新的科研成果和新兴技术的发明被应用而出现的新的部门和行业。本书将会展产业作为新兴产业论述，因其已经成为经济社会中新的增长力量和经济发展的新增长点。

沃的土壤。随着国家改革开放的不断深化，自2001年11月中国加入世贸组织起，得益于展会活动时间、地域和范围的扩大和延展，我国会展经济获得了较大的外推力。与会展相关联企业的国内外贸易需求大幅增多，尤其是沿海地区不断将贸易辐射区拓展到海外领域，同时优越的产业成长环境也开始慢慢吸引国外会展企业入驻中国，这为我国会展业的快速成长奠定了坚实的基础。[①] 各大中小企业急需通过展会这一平台，联结买卖双方，扩大宣传，增加销售。但经济全球化在给我国会展经济带来机遇的同时，也带来了不小的风险和压力。2007年以后，受美国次贷危机的负面影响，大部分国家的对外贸易出现了急剧下滑，全球经济开始出现短期的萧条。中国的经济发展也受此影响，2009年我国会展经济甚至出现下滑趋势，展会数量和展览面积有一定程度下降，直至2010年才开始逐步恢复。2010年的上海世博会成为我国会展经济走向复苏振兴的转折点。

20世纪80年代以来，山东省的经济进入飞速发展阶段。2010～2013年，山东省的地区生产总值分别达到39170亿元、45362亿元、50013亿元、55230亿元（见图6-1），连续多年位居全国前三。其中，2012年、2013年山东省地区生产总值增长率分别达到9.8%和9.6%（见图6-2），均保持着较高的增长速度。作为中国东部沿海经济强省，山东是全国竞争力和影响力最强的代表省份之一。山东的农业发展水平连年稳居全国首位，有全国著名的“菜篮子”和“水果之乡”的美称。在2013年，仅山东省农林牧渔业的年产值就超过8700亿元，比2012年增长了3.8%，占到全国总量的9%以上。同时，山东省的工业发展水平较高，产业链较为完善，拥有一批知名企业。在2013年，山东省全部工业产值增长到24222.2亿元，较2012年增长了10.9%。另外，山东省的第三产业发展速度较快，已经连续多年位居全国前三，仅2013年山东省的第三产业年产值就已经跃升到22519.2亿元，在所有产业的年生产总值中的占比达到了41.2%。在宏观经济环境的带动下，山东省的会展业开始逐渐成长为服务业中的新兴产业。

---

① 过聚荣.会展导论[M].上海：上海交通大学出版社，2006：75.

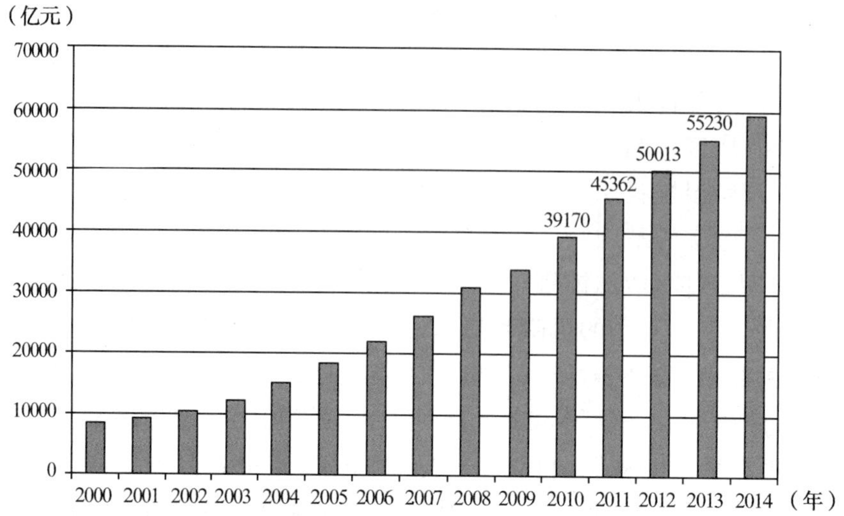

图 6-1　2000～2014 年山东省地区生产总值①

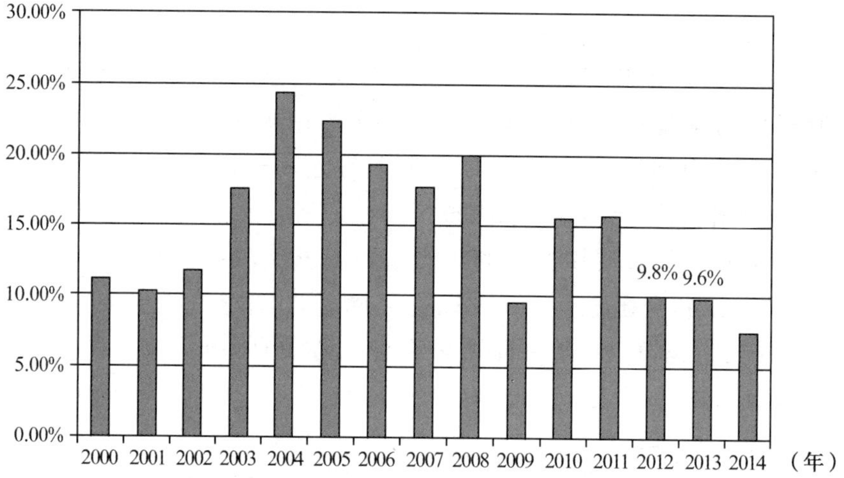

图 6-2　2000～2014 年山东省地区生产总值增长率②

① 资料来源：http://www.stats.gov.cn/tjsj/ndsj/. 笔者根据中国国家统计局《中国统计年鉴》2000～2014 年公布数据整理。

② 资料来源：http://www.stats.gov.cn/tjsj/ndsj/. 笔者根据中国国家统计局《中国统计年鉴》2000～2014 年公布数据整理。

6.1.2 行业竞争环境分析

一方面，国家之间的贸易壁垒因经济全球化的拓展而变得越来越弱，国外知名会展企业开始入驻中国。这些国际会展巨头起步较早，发展速度较快，市场经验较为丰富，给国内会展企业带来了巨大的压力与挑战，使我国本土会展厂商的生存空间受到挤压。另一方面，各种行业协会相继成立，保证了我国会展活动能够持续健康地向良性方向发展。

2005 年 1 月，中国展览组织专业委员会正式成立，有力促进了我国展览业和展览市场的繁荣发展。同年 4 月 12 日，我国会展行业的榜样协会——中华全国工商联会议展览业商会①获准并开展筹备工作。2006 年 2 月，注重理论与实践相结合的行业协会——中国会展经济研究会②宣告成立。2012 年，专注农业类的行业协会——中国贸促会农业行业分会宣告成立，它制定实施了农业行业规程，对农业会展活动统一进行了分类界定，这大大保证了农业会展业的法制化、规范化运作。除了各种行业协会、研究会、行业机构的成立，会展行业之间的交流也逐渐增多。2012 年 8 月9 日，涵盖国营、私营和外商投资等会展组织形式的行业协会——中国国际商会会展委员会开始运营，它凭借自身的资源优势，融对内交流与对外协作于一体，加速了我国会展产业的市场承载力、法规保障力、产业扩增力和国际竞争力，保障了我国作为会展强国的国际地位。2013 年 8 月，中国会展城市联盟正式成立，它不但优化了会展资源的配置，而且加速了会展城市之间的相互借鉴学习，提升了我国会展市场的国际影响力。2005 年以来，中国会展行业的全球合作论坛相继在北京、广州、上海举办，论坛注重国内外会展企业的合作交流，为不断提高我国会展活动的专业化和国际化水平做出了重要贡献。2005 年 12 月，中国会展业（高峰）论坛大会在上海开幕，来自包括北京、上海、广州、深圳等全国 20 多个城市近 300 名会展业界代表参加了此次论坛。此外，全国中心城市会展工作年会也陆续在长春、昆明、南宁、长沙、太原、宁波、义乌等城市举办。

随着全国上下对外开放和区域优势的拓展，作为中国东部沿海省份

---

① 中华全国工商联会议展览业商会是中华全国工商业联合会直属的会展业非盈利性行业组织。

② 中国会展经济研究会注重从会展实践中总结出会展经济理论，促进中国会展经济的发展。

的典型代表，山东省的会展经济在与国内外发达会展城市的交流合作中稳步前进。一方面，在国外许多发达国家，经济发展水平较高，其会展行业具有起步较早、发展较快、优势明显、经验丰富、资金雄厚等众多优势；另外，这些国家拥有高素质的人才构成、广泛的客户营销网络和领先的营销手段，会展企业较为成熟，品牌效应较为出众。国际知名会展企业纷纷涌入中国，这也给国内会展企业带来了较大的竞争和压力。另一方面，从国内来看，山东处于环渤海经济圈和长三角经济圈的中间位置，生存空间受到挤压，存在“被边缘化”的危险。北京和上海作为环渤海经济圈和长三角经济圈的中心，具有经济高度发达、会展条件优良、消费阶层较高等优势条件，办展规模和办展数量在全国遥遥领先，是国内外许多会展龙头企业展览的首选之地。国际及国内会展行业环境竞争性的增强，既给山东省会展业的发展与壮大带来了新的机遇，同时也给山东省会展产业带来了一定的压力和挑战。

6.1.3 政策法规环境分析

在这一时期，会展业相关的政策法规体系建设成效显著，相关内容细化到具体的实施层面，操作性更强，为会展业发展营造了健康有序的外部环境。2001 年 2 月，在国际贸易促进委员会、对外贸易经济合作部协同修订并通过的《出国举办经济贸易展览会审批办法》①正式实施。自 2003 年 3 月 1 日起正式实施的《专业性展览会等级的划分及评定》由国家经济贸易委员会制定，它统一了我国会展行业的发展规范。2004 年 1 月 12 日，商务部审议通过了《设立外商投资会议展览公司暂行规定》，通过将国外知名的会展组织引进国内，并且设立专项资金帮助国外会展企业到国内投资，旨在促进国内外会展行业的交流合作，实现会展效益的最大化。2006 年，贸促会、商务部对《出国举办经济贸易展览会审批办法》进行了修

---

① 根据《国务院办公厅关于出国举办经济贸易展览会审批管理工作有关问题的函》的要求，《出国举办经济贸易展览会审批办法》所称出国举办经济贸易展览会(以下简称“出国办展”)包括：(一)在国外单独举办经贸展览会、友好省市经贸展览会和以商品展览形式举办经贸洽谈会(以下统称“举办单独展”)；(二)组织企业参加国外举办的国际贸易展览会和博览会。中国国际贸易促进委员会负责出国办展的审批和管理。对外贸易经济合作部负责出国办展的宏观管理，对组展单位进行资格审查，对出国办展工作进行监督检查。

订并重新公布。这标志着出国办展逐步走向市场化。

为了保障会展行业的知识产权不受侵犯，加大会展中长期建设领域的拓展，会展相关部门也为此制定并通过了相应的法规条例。2006 年 1 月，商务部审议通过了《展会知识产权保护办法》。2007 年 1 月，商务部制定实施了《举办展览会内部管理办法（试行）》，保障了会展行业的规范化运作。同年，国际贸易促进委员会审议通过了《大型出国经贸展览活动管理办法》，保障了会展活动在“走出去”过程中的法制化。2011 年，商务部审定实施了《服务贸易发展十二五规划纲要》，正式把会展业打造成为中国贸易服务业培植的重点领域之一。同年，商务部又发布了《关于“十二五”期间促进会展业发展的指导意见》，各省市会展相关部门也相继制定具体的实施意见，推动了会展业朝着健康有序的方向进行。

同时，作为文化产业中的一个新兴产业和朝阳产业，会展业很容易受到国家整体文化建设规划的积极影响。2011 年 10 月，《中共中央关于深化文化体制改革　推动社会主义文化大发展大繁荣若干重大问题的决定》经审议通过①；2012 年 2 月，《国家“十二五”时期文化改革发展规划纲要》正式发布实施②；2012 年 2 月，《“十二五”时期文化产业倍增计划》正式发布实施③。

在全国会展业快速成长的大环境下，山东省会展主管部门也十分重视积极打造本省知名的会展品牌。在服务业发展的“十二五”规划中，山东省正式将会展业纳入重点建设领域。山东省各会展中心城市积极响应这一号召，努力建设本市特色化会展品牌。济南市、青岛市、淄博市、潍坊市、威海市等相继出台了适应本地区会展业发展的指导意见，济南市、烟台市、威海市等地区还制定了促进本市龙头展览项目实施的奖励建议。其中，青岛市出台的相关扶持性举措较为完善，2002 年 10 月 21 日，青岛市市委办公厅、青岛市人民政府办公厅发布了《关于进一步规范

① 2011 年 10 月，中国共产党第十七届中央委员会第六次全体会议通过了《中共中央关于深化文化体制改革　推动社会主义文化大发展大繁荣若干重大问题的决定》，对文化体制改革做出了具体规划。

② 2012 年 2 月，中共中央办公厅、国务院办公厅印发了《国家“十二五”时期文化改革发展规划纲要》，提出了构建现代化的文化产业体系和文化市场体系。

③ 2012 年 2 月，文化部印发《“十二五”时期文化产业倍增计划》，制定了文化会展业的发展目标和主要举措。

节庆会展活动的通知》。2007 年，山东省出台了服务业的第十一个五年发展规划，规划中明确提出：要积极从展览设施的基础建设、品牌展览的做大做强、节庆类活动的重点开发等重点领域入手，推进山东省会展经济的培育建设，加快山东省会展市场的成长步伐。青岛市会展相关部门一直以来都很重视会展活动的管理与建设，于 2007 年 11 月 2 日审定通过了《青岛市会展业管理暂行办法》。国家发改委于 2010 年 9 月制定并实施了《中国发展报告(2010)》，其中明确提出：要把环渤海、长三角和珠三角积极打造成优先开发、着重培育、重点建设的三大会展产业集群圈。作为环渤海会展核心经济圈的主要组成部分，山东省会展经济在国家重点发展的大背景和政策环境下迎来了发展壮大的成长期。山东省为了设立专项资金重点扶持会展业的开发建设，于 2012 年审议通过了《扶持展览业发展专项资金管理暂行办法》。2014 年 6 月，青岛市开始实施《关于加快高端会展业发展的意见》。同年 8 月，青岛市发布了《青岛市会议与展览服务规范》，其中不但对会展行业内的专业术语进行了规范，而且还对会展企业的组织、管理、服务等相关领域做出了规定，另外还设立了违约处理方法。上述规章文件的实施创立了会展业的整套政策体系，保障了山东省会展市场的规范化运作，给山东省展览活动的开展创设了有序、和谐的大环境，有助于会展产业壮大成长，从而成功渡过新生成长期。

6.1.4 社会文化环境分析

会展行业越来越受到国家和社会的重视，它的成长壮大也在积极带动当地经济的快速发展。同时，广大人民群众开始纷纷参与到节庆等会展项目中来。另外，各式各样与展览项目有关的专项栏目开始增多，例如广东电视台很早就开发和运营了会展相关的频道，定时为大众呈现出精彩纷呈的会展活动。

会展行业具有较强的产业关联效应。据调查，国际上会展业的产业带动系数大概能占到 1∶9，即在会展业所带来的产业效益的总量中，只有 10%是会展本行业所带动的，而剩下的 90%都是由会展业相关联的其他行业因会展业的发展联动产生的。[①] 据统计，2013 年会展业带动就

---

① 过聚荣.会展导论[M].上海：上海交通大学出版社，2006：121.

业人数比上年增长30.7%。[①] 会展业强大的经济带动效应越来越明显，它已经成为某些地区经济增长的高贡献产业。“十二五”期间，各省市响应国家重点发展会展业的要求，纷纷制定出适应本地区会展业发展的具体计划。北京和上海历来都是全国会展业发展最为发达的城市。北京市以打造全球知名的会展之城为目标，上海市则定位跻身于亚太地区的会展之都行列。在这一时期，会展高度发达城市的优势和特点开始慢慢凸显。另外，一些中小型城市也纷纷响应号召，积极打造具有地域特色的城市会展，相关部门也开始制定并实施相应的扶持鼓励政策，东莞、昆明和桂林就是其中的典型代表。东莞会展行业主管部门制订了会展专项方案，努力打造十个大展会和五个成长性展会。昆明作为我国西南部的领军型城市，正式推动成立博览事务局，全权负责本市会展活动的开发、设计、组织、运营等各项工作。桂林积极探索适合本市的会展业与旅游业融合之路，在重点城市积极开展桂林特色会展推介会。

此外，与会展业相关的人才体系建设也有了一定的突破。2007年，会展设计师作为一个新兴职业正式得到国家相关部门的官方认定。同年6月，中国商业联合会正式颁布了会展行业的职业标准，将“会展职业经理”纳入协会标准，明确界定了从初级到高级的多层次的具体要求。同年7月，关于国际性商务会展方面的认证中心在珠海成立，为会展项目的培训及认证铺设了专业化道路。另外，会展作为一门新学科和一项新专业开始跻身各大高校。2004年，与会展有关的第一个专业首次出现在上海师范大学。随后，浙江大学城市学院、华南理工大学等高等院校也陆续将会展纳入学科建设中，提高了会展专业的培养水平。很多优秀企业开始积极招收会展专业的毕业人才，力图提升自己在会展领域的专业化水平。会展行业开始作为新兴产业入驻各种类型的企业，为企业带来了可观的效益。企业也开始通过会展活动的开展将自己的企业文化带到国内外，吸引外商投资，提高企业的国际竞争力和影响力。

顺应全国各高校重视会展学科建设的大趋势，山东省的高等院校也开始积极开设会展专业，注重会展学科建设。山东财经大学、济南大学、青岛酒店管理学院等高校陆续开设了会展各个领域的专业。许多大学

---

① 2013年中国会展行业发展报告[EB/OL].[2014-12-01]. https://wenku.baidu.com/view/1b52641802768e9951e738cf.html.

也将会展纳入设计类学科之中，还有一些大学开设各种类型的与会展相关的培训班。会展学科和会展专业的开设为山东会展业的发展输送了一大批专业化、高素质的科学型、创新型人才，为山东会展业成功渡过新生成长期创造了良好的社会文化环境，这一阶段的山东省会展业成绩斐然。①

6.2 产业特征分析

6.2.1 保障基础，扎实根基

在会展产业的新兴阶段，我国的展览项目主要包括以下五类：政府类、协会类、国营类、私营类和外资类。山东省会展业正处于成长阶段，力量尚不够强大，产业发展不成熟；同时，会展业基础设施建设需要大量的公共投入。在这一背景下，山东省的展会仍然主要由政府主办。政府主办型的展会是指政府作为主办方或者承办方的展览形式，它具有很多不可忽视的正面作用，比如：可以较快地落实国家专项政策法规，可以实现文化效应的最大化，可以准确地捕获市场信息。总体上来说，政府主办型展会主要包括以下三种类型：一是靠政府单方面主办或承办，即政府主力、市场辅力型；二是仅靠政府协助，即政府支撑、市场开办型；三是全程依靠政府出资出力，即政府主力、政府主导型。② 各级政府借助资金和其他优势，对会展活动进行组织和建设，力图增强展览项目在全国的知名度和辐射力，进而提高本地区的会展实力。为了支持当地的会展建设，政府在宏观上和微观上都给予相应的帮助。在宏观方面，政府通过制定会展扶持政策、调节会展企业税收、给予会展专项资金支撑等途径加大对会展

---

① 2007年1月26日，针对2006年山东会展业的成绩，山东省会展业协会会长刘方会说："去年山东省办展数量近200个，产值较上一年增加15%，达到近150亿元人民币，参观人数达600多万，为山东省服务业的快速发展提供了强大的支撑。以下方面尤为突出，足以为处于同等困境的兄弟省份作'表率'：一、国际化之路阔步前行；二、重量级国家级巡回展'扎堆'山东；三、会展教育和培训业发展迅猛。"

② 王方华，过聚荣．中国会展经济发展报告(2010)[M]．北京：社会科学文献出版社，2010：105.

业的扶持调节力度；在微观方面，政府深入到会展具体活动的开发、设计、组织、管理、运营等各个环节，保证会展活动健康有序地开展下去。山东省会展业在组织形式上主要由政府主导，这保证了展会的投资份额充足、基础建设到位，更加有利于处在成长期的山东省会展业的持续发展。

会展场馆是会展经济的重要组成部分。近几年来，在会展产业蓬勃发展的大好形势下，山东省的会展场馆设施建设热情持续高涨，会展场馆的综合化、专业化和国际化水平有较大的提升，数量和质量都有了飞跃式进步。2007 年，山东省共有专业展馆 26 个，总建筑面积 163.5 万平方米，室内展览面积约 59.7 万平方米。截至 2013 年底，山东省共有专业展馆 34 个，室内展览面积达到 104.94 万平方米，位居全国各省份第一，会展场馆接待能力较强。其中，仅济南这一省会城市的展览场馆的总面积就超过了 34 万平方米，仅展厅的总面积就超过了 10 万平方米，内设达到国际标准的展览位置就有 4000 多个，各大展馆及附属展厅、新闻发布厅等大、中、小型展览场所设施先进，布置齐全。[①] 持续完善的基础设施建设保证了展馆条件的先进完备，成功吸引了更多的展商前来办展，为山东省会展事业的成长壮大奠定了基础。

6.2.2 传统创新，锋芒展露

山东省拥有丰厚的文化、历史资源，具有会展活动得以存在和发展的基础力量和雄厚条件，本省的展览活动的主要特色就是根植于各地的独特的传统节庆文化。山东省具有较高社会知名度的节庆会展活动有潍坊国际风筝、泰山国际登山节、曲阜孔子文化节等。作为孔子的故乡，曲阜的历史、文化底蕴深厚，曲阜因孔子文化节的举办在全国乃至全世界的名声大增，全世界各地的游客来到曲阜学习孔子的政治、文化、教育思想。在清明节做风筝、放风筝、赛风筝是我国的传统习俗，而潍坊是世界闻名的风筝之都。这些节庆活动对弘扬地域优秀传统文化起到了积极作用。2007 年，在山东省文化艺术节庆活动调查活动中，青岛、淄博、枣庄、东营、烟台、潍坊、济宁、泰安、威海、日照、临沂、德州、滨州、菏泽、聊城等 15 个市共报送文化艺术节庆活动项目 123 个。其中，共有中国（曲阜）国际孔子文化节等国家

---

① 山东省会展业概述[EB/OL].[2017-11-06]. https://wenku.baidu.com/view/8e31d5257f21af45b307e87101f69e314332fa95.html.

级文化艺术节庆活动 11 个，中国（临淄）国际齐文化旅游节等省级文化艺术节庆活动 7 个，菏泽国际牡丹花会等地方性文化艺术节庆活动 105 个，泰山国际登山节等综合类文化艺术节庆活动 31 个，青岛音乐节等专门类文化艺术节庆活动 92 个。其中有些优秀节庆活动被推荐申报国家级重点传统类文化项目、国家级重点出口类文化项目，有力推动了我省文化类项目的对内和对外的拓展。持续升温的传统文化节庆活动丰富了会展产业的内容建设，为山东省会展事业的发展壮大注入了新的活力（见表 6-1）。

表 6-1　　2007 年山东省文化艺术节庆活动汇总表

地市	文化艺术节庆活动
青岛市	青岛国际啤酒节、青岛音乐节、中国青岛海洋节、青岛（市北）萝卜会·元宵山会、青岛（市北）都市文化活动月、青岛市四方区海云庵糖球会、青岛北宅樱桃节、崂山旅游文化节、崂山茶文化节、沙子口山海休闲游、青岛红岛蛤蜊节、青岛·山色峪樱桃山会、城阳区"市民节"、中国电影表演艺术学会奖（金凤凰奖）颁奖活动、青岛凤凰岛文化旅游节、青岛西海岸大学生文化艺术节、青岛开发区民间艺术节、中国·琅琊旅游文化周、中国·胶南杜鹃花会、莱西市戏迷节、莱西市月湖文化艺术节、莱西市元宵节广场系列文化活动、莱西市水沟头文化市场民间工艺品博览会等
淄博市	淄博市张店区文化艺术节、张店区元宵灯会、中国·淄博国际聊斋文化旅游节、淄川区元宵节民间艺术进城表演、中国淄博·博山孝文化旅游节、春节文化系列活动、中国·周村旱码头旅游文化节、淄博市临淄区国际齐文化旅游节、淄博市马踏湖民俗旅游文化节等
枣庄市	中国（枣庄）柳琴戏艺术周暨柳琴戏论坛、枣庄市"光明之夏"广场文化艺术节、中国·滕州微山湖湿地红荷节等
东营市	首届黄河口旅游文化博览会、中国·东营吕剧文化艺术节、2007 河口广场文化艺术节、中国广饶·孙子国际文化节、中国·垦利黄河口文化旅游节等
烟台市	中国·海阳国际沙雕艺术节、栖霞苹果艺术节、中国蓬莱"和平颂"国际青少年文化艺术盛典、南山国际长寿文化节、龙口市徐福故里文化节、中国·莱州月季花节、山东·长岛第四届"渔家乐"民俗文化旅游节暨海上游启动仪式、正月十五显应宫庙会、妈祖生日庆典、妈祖秋尝大典、航海旅游节、烟台国际动漫艺术节等
潍坊市	潍坊市风筝会、青州市花卉文化艺术节、青州市农村文化艺术节、青州市春节文化系列活动、夏季广场文化系列活动、杨家埠风筝年画艺术节等

续表

地市	文化艺术节庆活动
济宁市	曲阜孔子文化节、中国·金乡国际大蒜节、中国(嘉祥)石雕艺术节、山东·汶上太子灵踪文化艺术节、中国·梁山水浒文化节等
泰安市	泰山国际登山节、中国·肥城桃花旅游节、宁阳县中华蟋蟀友谊大赛等
威海市	荣成市渔民节、文登市渔民节、文登市李龙文化山会、昆嵛山采摘节、环翠区5·23歌咏会、广场纳凉晚会等
日照市	“港城之夏”文艺展演活动暨沙滩演艺广场音乐狂欢节、中国·日照海滩文化节、岚山区圣公山会暨圣公文化节、中国·日照浮来山福寿文化节、五莲县“山城之夏”文艺展演·电影展映活动等
临沂市	中国临沂书圣文化节、临沂市广场文化艺术节、临沂市民间秧歌会、中国(郯城)国际银杏节暨第十四次全国银杏学术研讨会、山东·苍山民歌节、中国·临沂诸葛亮文化旅游节、平邑全民健身与奥运、全运同行“长寿杯”群众登山节、费县颜真卿故里书法大展、中国县域文化论坛暨中国(费县)赏石旅游文化节、山东蒙阴桃花旅游节等
德州市	中国·乐陵富硒金丝小枣旅游文化节、第六届古贝春酒文化节、夏津县元宵节民间艺术展演、山东·临邑槐花节等
滨州市	滨州市元宵灯会、中国滨州·惠民国际孙子文化旅游节、沾化冬枣节、中国滨州·博兴小戏艺术暨董永文化旅游节、中国山东·博兴兴国寺丈八佛庙会、国际(博兴)厨具节、邹平读书文化节、农民艺术节等
菏泽市	中国林产品交易会、菏泽国际牡丹花会、中国·菏泽牡丹插花艺术展、中国·菏泽面塑艺术大赛、中国·曹县国际芦笋节、定陶仿山山会文化民俗节、成武县民间文化艺术节、成武县斗鸡比赛、山东省巨野县金山庙会文化艺术节、中国·东明西瓜节、山东省单县十月文化物资交流大会、中国·郓城首届水浒文化旅游节、鄄城(国际)孙膑文化旅游节、中国·鄄城国际人发风情节等
聊城市	聊城市文化旅游节、聊城市水城之秋观光周、聊城市首届合唱节、聊城市葫芦艺术展、聊城市山陕会馆庙会等

尤其值得一提的是山东省的庙会活动。庙会，俗称“集会”“赶会”等，一般是指以宗教仪式等为主要活动的聚集地，其中典型活动包括祀神、神

像出巡、驱傩禳灾等。庙会一般是由当地群众组成的聚集人群在寺庙类的建筑场馆开展诸如祈求、驱邪、集会、游玩等一系列活动。山东省的庙会由来已久，大约产生于20世纪50年代，它的存在主要是为了促进城市与乡村之间的物资交换，改善人们的精神文化生活，推动城乡一体化建设。庙会一般是由当地政府组织开展。改革开放以来，庙会活动开始逐渐摒弃了内容上的封建迷信成分，更加善于将传统与现代相结合，庙会也被许多当地群众称为"骡马大会"。经过几十年的沿革，山东省庙会的主要特征开始由宗教仪式的载体转变为物资交换的平台。庙会已经演变成一种较为古老的展会形态，属于微型的展览项目。其贸易主要内容可大致分为山货、食品与玩具、民间艺人表演等三类。① 山东省内济南千佛山庙会、泰山东岳庙会、曲阜林门会、青岛海云庵糖球会都比较有影响力。庙会对于经济的拉动作用也较大。据报道，2014年大年初一，大明湖在文化庙会的带动下，游客接待量提升了117%。同一天千佛山风景区客流量比上年增加了383%，可见庙会对于消费的巨大刺激作用。② 地域性的民俗庙会成功带动了会展活动的创新，为山东会展业的孕育成长开阔了全新的领域。

6.2.3 进军支柱，创造新兴

在同时期，我国会展发达城市，诸如北京、上海、广州、深圳、香港等一直引领会展行业的尖端领域。这些城市的会展市场有了突飞猛进的发展势头。这段时间的展览主体以工业成果为主，其中又重点集中在重工业、化工业两大领域。另外，会展行业开始逐渐进军制造业领域，作为会展行业的支柱性产业，制造业跃升为会展市场上的主力军。据调查，2012年，北京的各种展会类型中，建筑/装潢/五金类和化工/能源/环保类并列第一；在上海，化工/能源/环保类跃居第一，化工/能源/环保类排在第二；在广州，建筑/装潢/五金类则排在首位，紧随其后的是工业/机械/加工类。③在山东省举办的展会中，机械加工类、化工能源类展会比较多。众所周

① 第一类是山货，主要指当地或远方的各种土特产，如各种农具、木制家具和日用器物等；第二类是食品与玩具；第三类是各类民间艺人的表演项目。

② 田艳敏.庙会经济拉动春节消费：烤鱿鱼日进5万 糖葫芦能赚20万[N].生活日报，2015-3-2.

③ 胡泓媛.广州会展业国际化发展研究[J].环球市场信息导报，2014(33)：67-69.

知，一个地区的展会类别在很大程度上与本地区的产业优势有较强的相关性。例如，中国国际电子家电博览会2004年在青岛举办，这很大一部分原因是青岛拥有较多的电子类企业和较高的电子类产业水平，其中以海尔、海信等为支柱性企业，电子产业环境较为优良，并且已经形成了较大规模的电子市场。仅2004年一年，青岛地区的家电市场营业额已经超过1000亿元，位居山东省首位。逐年扩大的电子市场规模给青岛的会展行业注入了强大的动力。[①] 又如，依托潍坊寿光大规模、多种类、高水平的蔬菜种植业，每年的中国国际蔬菜博览会都会如期在寿光举行。寿光蔬菜不但在国内的销量遥遥领先，而且在国际蔬菜市场上也占据着重要的席位。寿光强大的蔬菜产业优势为菜博会提供了必要的基础，使其能够持续保持影响力。除此之外，菏泽的林产品交易会、东营的石油石化装备与技术展览会和威海的渔具展都是依靠当地产业优势而兴盛起来的展会。2014年，中国（山东）国际装备制造业博览会在山东济南举办，此次展览展出了我省在装备制造业领域的技术成果，稳固了我省作为装备制造业大省的地位。在这次博览会的成功带领下，我省企业的营业额、利润额、利税额连续9年位居全国第二。随着重化工业类展会的迅速入驻，山东省的会展类别、会展水平都达到了一个新的高度，为山东省会展业的培育壮大贡献了力量。

6.3 产业效益分析

2004年，山东省的展会数量扩增至220多个，其中有66个展会已经达到国际展会水平。在山东省众多会展特色城市中，青岛、济南、烟台和潍坊一直都走在前列，拥有数量多、水平高的展会。2004年的统计数据显示，山东省的展览场馆的总面积已经超过30万平方米，超过全国的平均水平。出国展览则平稳发展，2004年全省企业共计参加国外展会65个，国际标准摊位总计突破1000个，日本、德国、美国和韩国分别是出展次数最多的国家。山东省商务厅2004年的数据表明，山东省是全国会展市场发展最为迅速的几个省份之一。《2007年山东经济社会发展综述》指出，山

① 新华网.青岛“中国国际电子家电博览会”[N].中国贸易报，2004-5-11.

东省批发零售、住宿餐饮业全面发展，住餐业在会展等产业蓬勃发展下增速明显加快，分别实现零售额 7092.7 亿元和 1095.9 亿元，依次增长 18.7%和 20.6%，比 2006 年分别提高 2.3 个和 2.9 个百分点。[①] 从展览规模、展会质量来看，山东会展业的水平并不是很高，但是将其放到全国整体会展产业中比较，山东的会展业还是在一定程度上有了实质性的发展。而且，山东省向来就具备发展会展业得天独厚的外在条件和内在优势：展会资源较为丰富——囊括历史性、人文性、科技性等众多领域；区位优势较为明显——紧邻日本、韩国等会展发达国家；社会资源较为丰富——展会来源、展会范围较广；展馆设施较为完善——省级的特色展馆越来越多；产业领域较为广阔——从农业、工业到服务业；旺盛的内需市场——拥有近 1 亿的人口；强劲持续的购买力——会展产品走向市场化。这些因素都对维持市场消费的持续繁荣十分有利，同时各大中心城市相对完备的展馆配置、接待设施及先进的管理服务体系也是一大优势。

6.3.1 经济效益

在这一时期，会展业产生了巨大的经济效益，具体表现为会展产业与相关联产业的融合加深，会展业的发展壮大相应地带动了关联产业的大繁荣。在产业融合的大环境下，会展产业也逐渐渗透到住宿餐饮业、旅游业等产业内部和产业边界交叉处。会展产业的成长带动着相应消费群体的其他需求。会展业虽然起步于经济方面，但是它的繁荣壮大也会在政治、文化等各个方面产生重要的影响。作为一项重要的平台，会展活动的开展不但促进了展览产品的交流，而且也为文化交流提供了重要的载体。[②] 作为关联性较高的产业，会展业具有融合的现实条件和产业基础。会展行业的融合主要表现在两个方面：一是发生在会展产业内部的融合，诸如会议、展览、体育和赛事活动之间的协同融合。产业内部融合的典型案例是会展行业与旅游产业的融合，通过展览活动的成功举办带动消费群体对展览城市的旅游需求的增加。如今许多地区都将一部分的旅游重

---

① 山东省统计局. 科学发展求率先 协调共进创和谐——2007 年山东经济社会发展综述[EB/OL]. [2008-01-29] http://www.stats-sd.gov.cn/art/2008/1/29/art_6227_404854.html.

② 王志扬. 产业融合能否成为会展业转型升级、创新发展的新路径[C]//2012 中国会展经济研究会学术年会论文集，2012：32-36.

心开始转向会展旅游这一新领域。二是发生在会展产业外部的融合，诸如会展金融、创意会展和高科技会展。借助发达的科学技术，场馆设施和展示方式都给人眼前一亮的感觉。上海世博会时推出的网上世博会就是会展业与网络技术完美融合的结果。据不完全统计，2013 年有 1663 个展览会建立了官方展览网站，约占展览会数量的 70%①，通过网络媒介提供展会信息越来越受到企业的重视。

山东省是我国的旅游经济强省，旅游所依托的自然资源、文化资源和历史资源都十分丰富。山东省有众多类型各一的旅游区，其中 A 级以上旅游景点有 458 家，国家级重点保护性文物有 101 处，国家级优秀旅游类城市 29 个。作为全国著名的旅游文化名省，山东省独具特色的旅游形象一直以“一山一水一圣人”为代表，其中“一山”是指“五岳之首”泰山，“一水”是指中华民族的“母亲河”黄河，“一圣人”是指中国著名的教育家孔子。除此之外，还有趵突泉、大明湖、千佛山以及胶东半岛的旅游文化资源，每年吸引着无数游客前来观光。2007 年，在“好客山东”②这一特色化品牌旅游的带动下，山东省的旅游事业蒸蒸日上，成功打造了诸如泉城济南、海洋青岛、宜居威海、水城聊城等远近闻名的地域性旅游名城，“好客山东”的旅游文化品牌深入人心。丰富的旅游文化资源为山东省会展旅游的发展提供了良好的前提条件。2009 年的济南全运会、2014 年青岛世界园艺博览会都大大带动了山东省的会展旅游发展，一些展会、节庆活动还将会展与旅游相结合，进行宣传营销，促进了会展业和旅游业的融合。

6.3.2 社会效益

近年来，中国展览项目的国际化程度也在不断加快。一方面，全球知名的会展厂商借助联合办展、投资融资和合作交流等形式，不断登陆中国会展领域。随着会展政策的放开，会展发达国家的龙头展览公司纷纷登陆我国会展领域，在这一时期达到顶峰。德国的法兰克福、汉诺威、科隆、柏林展览有限公司等相继进入。除德国企业外，法国、荷兰、英国、意大利

---

① 袁航. 国内展览会市场实现快速增长[EB/OL]. [2016-02-22]. http://finance.china.com.cn/roll/20160222/3594777.shtm.

② “好客山东”是 2007 年、2008 年山东省推出的高度概括山东文化，凝练出现代旅游品牌形象的“好客山东”标志。此标志结合了传统元素与现代设计的新动向，通过文字符号图形化设计融会古今元素，突出了山东与山东人好客的形象。

等国的展览公司也都开始进军中国的会展市场。在合资合作方面，知名的中外合资合作企业当属上海博华国际展览有限公司①。在建立子公司方面，知名的外全资子公司当属纽伦堡会展服务（上海）有限公司②。此外，由国内和国际著名会展公司联合组建的上海新国际博览中心③也开始引领会展行业。这些投资与合作将有利于国外会展企业在我国的进一步活动。另一方面，来自国外的参展企业明显增加。仅2007年一年，各个展览项目的参展商就超过16万家，其中来自国外的就超过4万家，比例超过25％。④ 2013年，中国食品博览会在浙江宁波举办，其中来自国外的会展企业就达到30个，无一不在这次展会的各个方面彰显较高的国际化水平。除此之外，我国的许多会展企业也逐步走向国际化，开始与国际接轨。国际展览业协会（UFI）是全球会展行业最具代表性和典型性的协会之一，同时也是会展行业唯一的国际组织，只有具备高水平的会展成员和会展项目才能得到该协会的认证。截至2013年，被国际展览业协会认证通过的中国会展成员有84个，被国际展览业协会认证通过的会展项目有69个，并且它们主要集中在环渤海、长三角和珠三角三大经济圈。2011年国际大会及会议协会（ICCA）做了权威调查，在全球最具实力承接国际性会议的国家排名中，中国跃居全球第八，并且在亚太地区排名居首。中国会展经济在国际上的认可度可见一斑。

这一时期，山东会展业的国际化水平也有了一定提升。2013年10月，济南举办了第十届中国艺术节，吸引了美国、加拿大等国的知名演艺机构前来参展。展会期间，美国的百老汇、澳大利亚的澳亚文化节等国际知名的演出团队表达了合作的意愿。青岛作为国际化大都市，已经积极打造出诸如中国国际消费电子博览、国际造船暨港口建设（青岛）展览会、中国（青岛）国际缝制设备展览会等一系列较为成功的品牌展会。青

① 上海博华国际展览有限公司是由上海华展国际展览有限公司和博闻亚洲有限公司联合组建而成。

② 纽伦堡会展服务（上海）有限公司于2007年成立，是海外会展公司在中国成立的首个外全资子公司。

③ 上海新国际博览中心由德国的汉诺威展览公司、杜塞尔多夫展览公司及慕尼黑展览有限公司等组成。

④ 过聚荣．中国会展经济发展报告（2008）[M]．北京：社会科学文献出版社，2008：219．

岛市也相继承办了博鳌论坛、蓝色经济高峰论坛等国际著名会议。2014年4～10月在青岛市举办的世界园艺博览会在持续时间、参与人数、涉及面、影响力等方面都是史无前例的，更加彰显了青岛市会展业的国际影响力。

第 7 章 山东省文博会及其他重要会展

7.1 历届山东(国际)文化产业博览会(截至 2014 年)

山东省文化创意产业博览交易会是山东省文化相关领域的领军展会，简称为“山东省文博会”。它由山东省文化相关部门主持运作，每两年举办一届。2006 年，山东省文博会首次开办并产生了积极反响。截至 2014 年，山东省文博会已成功举办了五届。它以培育具有山东地域特色的文化产业为己任，以全面提升山东省文化产业的自主创新能力为目标，通过文化项目征集、推介宣传以及招商引资等形式，建成了一批高品质、高层次的特色文化项目，在推动“山东制造”向“山东创造”迈进的道路上发挥了举足轻重的作用，具有一定影响力的齐鲁文化新标志基本形成。本节将按照时间节点，对每一届文博会进行梳理总结。

7.1.1 第一届山东(国际)文化产业博览会

山东省一直积极打造全国知名的文化大省，为此山东省委、省政府决定，于 2006 年 6 月 16 日至 18 日，在济南举办“2006 山东(国际)文化产业博览会”，受到各界领导的重视和支持。① 这是山东省第一次主办的国际性文化类别的展会，此后的历届文博会在组织、策划与执行等方面积极探索与大胆开拓，成功地成长为具有国际竞争力和影响力的文化类品牌展会。

---

① 时任中共中央政治局委员刘云山，全国人大常委会副委员长许嘉璐，全国政协副主席罗豪才发来贺信；全国政协副主席阿不来提·阿不都热西提等出席开幕式；中共山东省委书记张高丽宣布山东文博会开幕，山东省省长韩寓群发表致词。

1. 会展主题

2006 年 6 月 16 日至 18 日，山东省文博会由山东省政府、文化部、国家广电总局等多个部门联合举办。① 从筹备之初，文博会就一直秉承以下基本原则：以政府为主导力量来举办，吸引社会多方面力量来参与，通过市场化的机制来运作，利用规范化的模式来管理。② 告别了以往“政府主导型”的办展模式，文博会采用“市场主导、政府支持”的运作形式。政府只负责制定相关的优惠政策、启动专项资金来支撑并且给予适当的指导，具体的运作还是交给市场、交给企业，这种模式极大地发挥了展会的市场调动性和积极性。

从成立之初到现在，文博会因各方面的原因多次易名，这从一个侧面反映出了山东省文化相关部门的市场洞察力不断提高。第一届文博会将主题定为“推动山东文化产品和服务走向世界，搭建文化资源与投资资本沟通平台”，一方面体现了“借势山东深厚的文化底蕴，推动山东经济发展”的坚定信念，另一方面凸显了“展示性与实用性并重，文化与产业相结合”的时代特征。

为了更广泛地宣传文博会，引领人民群众参与文博会，文博会组委会自 2006 年 1 月 23 日起面向社会征集文博会主题词，在这段时间里，共收到来自全国 30 个省、市、自治区的应征主题词近 6000 条。经过专家公平公正地评审，评选出 10 件入围作品，入围作品自 2 月 24 日面向社会公示，在 20 天的公示期内，来自省内外的上万名公众分别通过网络和手机短信参与了投票，根据公众投票的结果，从评选出的入围作品中确定了“文化·创意·财富”的主题词，文博会主题词揭晓后，在社会上引起广泛影响，受到专家、群众的一致好评。省内知名专家对当选的 1 号作品“文化·创意·财富”给予高度评价。该主题词最早是由时任山东大学历史文化学院院长王育济教授提出。吴义勤教授指出：该主题词简短、准确地反映了当代文化产业的新特点和新趋势。著名诗人马恒祥首先从语言上肯定了该条主题词，认为这条主题词语言简练、鲜明，具有很强的概括性。然后，他深刻地指出该主题词具有较为完整和准确的导向意义。文博会组

① 主办单位：山东省人民政府；承办单位：文化部、国家广电总局、新闻出版总署、中国侨联、中国贸促会、山东省文化厅、山东省广电局、山东省新闻出版局、大众报业集团、山东出版集团、济南市人民政府等。

② 刘春，刘玉平. 山东省文化产业博览会提升研究[J]. 齐鲁艺苑，2015(5)：118-123.

委会工作人员对记者说："文博会是'文化的盛会、人民的节日'，通过征集、评选文博会主题词，宣传、发动了更多的群众参与文博会，为文博会聚集了更多的人气，同时也收到了许多很好的意见和建议。"

作为第一条被采纳的主题词，"文化·创意·财富"产生了巨大的影响。首先，它精准地点出了当代文化领域的核心要素，也自然地包含了三者循环互动的关系，凸显了文博会作为文化盛宴、创意天地和融资平台的三大功能。其次，"文化·创意·财富"的提出，深刻反映了山东省政府和学界对文化产业本质认识的深化。

根据文化产业有关部门的积极建议，王育济教授亲笔完成了以该主题为导向的多篇相关文章。① 总体来说，该主题简短的六个字寓意着用创意来达成联结文化和财富之间的纽带，展示了文化的导向性和观赏性，更代表了当今文化领域的发展方向。

2. 商业运作

图 7-1　山东文博会会徽"齐鲁风"②

文博会会徽（见图 7-1）、吉祥物（见图 7-2）等都是市场运作的产物，在设计方案确定后及时将其进行工商注册，并通过拍卖的方式出售商业使用权，由此开发出一系列衍生文化产品。"山东大嫚"是第一届山东文博会选出的吉祥物，其形象让不少市民与游客眼前一亮，她生动的人物造型精确地捕捉到了齐鲁文化的质朴与亲切，在天南海北的山东人中产生了强烈的精神共鸣和乡亲情愫，受到专家、学者和群众的一致好评。"作为文博会的形象代言人，山东大嫚确实深入到了人们的心坎里。"其主创宋文远教授这样说，"其实我们的大辫子姑娘

图 7-2　吉祥物"山东大嫚"

① 包含《一论文博会的主题词：文化与文化产业》《二论文博会的主题词：创意与文化产业》《三论文博会的主题词：财富与文化产业》三篇，山东文化产业网于 2006 年 9 月 20 日将这一组文章原样全文登出。这组文章最初没有公开发表，但文章中的一些观点和提法也被不少学术人士引用。

② "齐鲁风"释义"文化齐鲁、风扬天下"，会徽以"山"为基础形态，意在表现"泰山"和"山东"；中间一座高峰寓意着先进文化的引领，也暗含孔子为中国古代思想的泰斗。作品将彩虹、鸟羽和黄河的形态巧妙融合，象征着我省文化灿烂缤纷、源远流长和文化产业的腾飞。

就是一个导游，是我们动画片中的一个角色。她以向导的身份向人们介绍五千年的齐鲁文化和新世纪的山东文化产业。这样就自然而然地与咱们山泉文化、滨海文化、儒家文化和运河文化结合起来了。”2006 年 5 月 23 日，《齐鲁晚报》刊发文章《济南文博会吉祥娃“山东大嫚”问世》，提到国家级美术师蔡玉水表达了对这一卡通形象的较高认可。蔡老师表示，这个卡通形象生动地表现了山东姑娘朴实大方的总体形象。另外，蔡老师还表示，这个卡通形象受到了女儿和母亲的极度喜爱。蔡老师分析得出，女儿是因为对动漫的喜爱，母亲则是因为这个形象包含了文化情愫，仿佛让她看到了山东女孩的真实模样。山东某动漫公司的董事长王总也对该卡通形象表示了赞扬。他指出该卡通形象的成功之处，一是迅速捕捉到了卡通这一深入人心的表达方式，用“山东大嫚”这个虚拟形象正迎合了现代人们的传播心理，容易被人接受；二是用三维动画的这种虚拟形象，还能表现出实体形象所不能涵盖的各种要素，革除实体形象在传播中的局限性。为了充分发挥“山东大嫚”的即时效应，省文化相关部门授权开发了该动漫形象的各种文化产品和服务，同时也积极授权各类相关设计产品的开发与市场推广。遗憾的是，虽然“山东大嫚”及时注册了商标权，但忽略了互联网域名的注册，“山东大嫚”的 CN 域名“shandongdaman.cn”已经被抢注①，引发了人们对互联网时代版权保护的反思。

从文博会的筹备到举办，其投入资金达 7000 多万元，这些资金除了政府给予的启动资金外，其余全部来自于冠名、协作、承办等多种市场化形式融集的运作资金。除此之外，此次文博会还设计了包括文艺汇演、经贸合作、招商引资在内的 59 项相关业务板块，吸引了海内外的 535 家客商。通过开发和宣传的作用，在筹集到活动资金的同时还增加了经济效益，实现了双赢。本次文博会设置了六大室内主题展示区和室外民俗展示区，每个展示区都特色各异，组织开展的各项设计和活动将“文化齐鲁、风扬天下”的整体形象成功表现出来。会场内还规划了齐鲁文化风采、文化产业博览、文化产业论坛、文化项目招商、文化节庆活动五大板块内容，并首次将山东省 17 地市以“文化产业带”为核心特征进行集中展示，形式新颖独特，成为各地展示城市形象、塑造城市品牌、寻找商机的最佳平台，使展

① 所属注册商为北京新网数码信息技术有限公司，注册日期为 2006 年 5 月 19 日。另外，“山東大嫚.cn”“山東大嫚.中国”“山东大嫚.cn”“山东大嫚.中国”4 个中文域名也被注册。

会的专业化、国际化、市场化特征初步展现。本次文博会成功吸引了国内外众多参观者①,并且收到了可观的经济效益②。第一届文博会的成功运作展现了山东省从古至今的文化积淀,向全世界呈现了博大精深的山东省地域特色文化。与此同时,也间接地暴露出山东省在文化建设道路上的若干不足之处,例如文化产业缺少创意性、文化产业的市场调动力不够、文化成果不能及时转化为产品、文化产品的开发力度不够、文化设计和开发方面的人才短缺等。当然,文博会的成功举办给山东省文化部门提供了实践领域的相关素材,这也为文化产业的全面推进铺设了坚实的基础,有利于山东从文化大省向文化强省的成功演变。

7.1.2 第二届山东文化产业博览会

第二届山东文博会于2008年9月在济南开幕,各界领导及代表隆重出席了开幕仪式。③ 本届文博会由山东省文化产业相关部门联合举办④,中共山东省委宣传部副部长任山东文博会组委会办公室主任。第二届文博会继续沿用"齐鲁风"会徽和吉祥娃"山东大嫚"的形象标志,延续了"文化·创意·财富"的主题,传承第一届文博会打造国际化、专业化、市场化的文化交流与合作平台。在充分吸收了第一届文博会的成功经验的基础上,第二届文博会开始积极创新活动内容,突出"文化·创意·财富"这一主题,从多角度、多方面来体现"齐鲁文化、泉城博览"这一地域特色。第二届文博会更名为"山东文化产业博览会"。

---

① 在为期3天的展演时间内,参观总人数达96.5万人次。其中,参观展览71.8万人次,各种文化活动的参与者达到24.1万人次,论坛参与者6000多人次;其中,主会场46.8万人次,4个分展区25万人次。

② 签约合同类项目137个,投资总额316亿元,融资总额217亿元。

③ 时任全国人大常委会副委员长、民盟中央主席蒋树声,全国政协副主席陈宗兴,全国人大常委会原副委员长许嘉璐,省委书记姜异康,省委副书记、省长姜大明,省委副书记刘伟等出席开幕式。此外,出席会议的还有国外驻华使馆文化官员,全省17地市的负责人等,共计有10000多人参与了开幕式。

④ 承办单位:文化部、国家广电总局、国家新闻出版总署、国家旅游局、中国侨联、中国贸促会、山东省委宣传部、大众报业集团、山东省文化厅、山东省广电局、山东省省新闻出版局、山东出版集团、山东省社科联、山东省文联、山东省外办、济南市政府、济宁市政府。

1. 会展规模

第二届山东文博会在济南、济宁两个城市合作展开。济南会场设在国际会展中心，它总共分三层：一层以图画、动漫、饮食等为主要展示内容；二层以省报业、广电、出版三大集团及各城市文化产业成果为主要展示内容；三层以文化演艺展区和中西绘画专区为主。同时，济南会场还设立了综合类型的展馆共10个。① 济宁会场的文博会设置了文化城规划创意展示区等四大展区，并结合孔子文化节，发挥孔子文化品牌的带动作用，展现了孔孟之乡的文化底蕴。本届文博会产生了较好的经济效益和社会效益。相关部门的统计数据显示，两个分会场共吸引来自国内外的游客接近160万，成功审核通过了文化类的规划项目接近500个。另外，本届博览会的成交额达到800多亿，成交项目全部纳入文化部门的专业数据库。②

2. 商业运作

第二届山东文博会更加注重宣传外联工作，大大提高了文博会的知名度和影响力。首先，积极策划新闻宣传工作，成立了文博会新闻中心，开通了文博会官方网站，利用移动飞信和网络平台，建立了畅通的供发稿机制。其次，切实加强文博会的新闻宣传，制订完善的宣传工作方案，围绕展会主题，突出宣传重点，深入挖掘亮点，营造出了迎接文博会的和谐氛围。第三，积极利用各大报纸、网络、媒体作为重要平台。诸如《大众日报》《齐鲁晚报》都已经开设了专题栏目，电视台也设立了文博会的专项平台展现最新动向。另外，大众也可以通过网络实时、全面地获取相应的信息。其中，网络媒体如大众网、文博会官网、齐鲁网、山东新闻网、舜网、天下泉城网等还设置了链接界面，实时刊发新闻、图片资料和视频等。第二届文博会的宣传系统较为全面，功能较为强大。③ 自6月中旬起，各主要新闻媒体开辟了“相约文博会”专栏，并于9月2日起刊播文博会倒计时

① 10大展馆包括：综合馆、数字动漫馆、广电影视馆、新闻出版馆、文化演艺馆、创意设计馆、广告馆、海外馆、旅游体育馆、民俗产业馆。

② 山东省文博会[EB/OL].[2016-06-27]. https://baike.baidu.com/item/%E5%B1%B1%E4%B8%9C%E7%9C%81%E6%96%87%E5%8D%9A%E4%BC%9A/19399683?fr=aladdin.

③ 本届文博会共邀请境内外新闻媒体126家、记者311人，其中中央媒体22家、境外媒体3家、省内媒体39家、各市媒体62家，共同组成了从中央到地方、从平面到网络的多元化、立体化新闻宣传网络体系。

牌，文博会的形象宣传片在省、市各电视台播放。文博会组委会不断加强社会宣传工作，执委会先后投入 90 万元，在市区设立文博会倒计时牌 4 块、广告牌 30 多块，发布公交车体广告 50 块、公交车站站牌广告 54 块，并利用公交车载电视播出文博会宣传片及招商招展信息，进一步扩大了文博会影响。

第二届文博会积极培育出了如世界儒商论坛等文化领域的知名论坛，为文化人才的交流、文化产品的宣传提供了多样化的平台。论坛吸引了来自海内外的文化领域的人才云集泉城，共同商讨文化相关事宜，共同分享文化见解。济南举办了一系列主题多样、类型丰富的文化活动，如全省广告创意大赛；以文博会的名义整合了一系列文化演出活动，主要有杂技《粉墨》(见图 7-3)、京剧《辛弃疾》、儿童剧《我和我的影子》、歌舞剧《泉水谣》、舞台剧《功夫 · 九章》等重点展演剧目；开设了众多功能化的会展场馆，如顺风大剧院、泉城公园生态演艺广场等；开展了一系列主题多样的活动，如常识赛、摄影展、绘画展等。第二届文博会主题突出，富有鲜明的地域特色，采用市场化的运作方式，能够广泛号召群众参与，成功搭建起了一个开放、自由、包容的文化大平台，促进了文化交流和商务合作，推进了文化产品进基层、文化服务进大众，提升了山东省文博会的国际竞争力和影响力。第二节文博会是一次成功的展会，它不但为文化产品的交流和合作提供了一个创新的平台，而且还积极推进了文化产品、文化服务的市场化、商品化、合同化进程，推动了文化市场的大繁荣。

图 7-3　杂技《粉墨》

7.1.3 第三届山东文化产业博览交易会

2010 年 9 月 27 日，第三届山东文博会在济南开幕。本届文博会是由山东省政府、文化部、国家广电总局等多个部门联合举办。山东省、济南市各相关部门的领导参加了本届文博会的开幕式并发表了讲话。① 此外，各论坛嘉宾、参展商、其他省市地区包括台湾地区的参观团以及各界代表也参加了开幕式。本届文博会的主题是："创意、融合和发展"(见图 7-4)，旨在积极打造极富创新性、高度融合化、最具发展力的用于文化产品交换、文化思想交流的平台。第三届文博会又进行了一次易名，新加了"交易"两字，最终锁定为"山东文化产业博览交易会"，将以交易为主要形式的市场化路径纳入文化产业的创新、融合与发展领域。

1. 创新主题

连续三届文博会的主题中都把"创意"作为一个关键词，充分表明"创意"作为文化产业核心要素的地位和重要作用。创意是产品活的灵魂，尤其是在文化相关领域。文化行业作为新型智慧性行业，它的繁荣壮大要求文化从业者具有高度创新的思路与想法。只有创意才能保证文化产业持续健康地推进。"融合"这一主题关键词涵盖两个层次：一个层次是省内外不同地区之间的交流合作融会贯通，互鉴长短，融合发展；另一个层次是不同产业部门之间的融会贯通。作为一个关联度极强的产业，文化产业的繁荣壮大需要其与信息产业、交通运输业等相关联产业的融会贯通。"发展"是硬道理，也是总方向。国家较早就提出了可持续发展这一重大课题。对于文化产业相关领域来说，不管是制定相关政策，还是推行具体运作模式，都应该将发展作为检验一切行为是否正确的唯一标准。本届文博会推行"引进来"与"走出去"有机结合的发展之路。政府相关部门应该制定相关政策来积极引进省外、国外优秀文化产品、文化思想走进山东、惠及山东。另外，对于本省的极具地域特色的文化产品与服务，政府也应该有效地推动它们"走出去"，以此向全国乃至全世界展现山东省在文化领域的最新成果。只有"将创意、融合、发展"融会贯通在山东省文

---

① 出席开幕式的主要领导：时任国家新闻出版总署副署长孙寿山，国家旅游局党组成员、纪检组长刘金平，中华全国归国华侨联合会副主席王永乐，中国文联副主席刘兰芳，济南军区政治部副主任张宝明，省委常委、省军区司令员谈文虎，省委常委、宣传部部长李群，省检察院检察长国家森，省政协副主席王新陆，武警山东总队总队长南平、政委张洪运。

化产业发展的总体思路中，山东省的文化产业才能迎来一条持续、高效、健康的发展之路。

本届文博会共设立了济南、济宁和威海三个分会场，积极推进了文化交流、产品宣传和经贸合作等相关活动，具体详见表 7-1。

图 7-4　山东省文博会“创意、融合、发展”主题

表 7-1　　第三届文博会期间举办的活动

活动名称	主办/承办单位
第二届齐鲁动漫创意大赛暨第三届海峡两岸大学生创意作品巡回展	济南市委宣传部 济南市科学技术协会 山东工艺美术学院 山东省漫画家协会 齐鲁动漫产业基地/济南影视传媒学会 山东外包人才培训基地
“金王杯”烟台首届文化旅游商品创意设计大赛	烟台市委宣传部 烟台市旅游局/烟台市旅游协会 烟台市委宣传部文化产业发展办公室 山东金王集团
第三届山东文博会广告创意大赛	山东省委宣传部 山东省精神文明建设委员会办公室 山东省工商行政管理局 山东省广播电影电视局 大众报业集团/山东省广告协会
山东省少儿剪纸艺术大赛	济南剪纸艺术院
文化活动社区行	山东省文化厅 济南市广播电视台协助

续表

活动名称	主办/承办单位
明湖曲韵精品曲艺专场	山东省旅游行业协会/济南市曲艺团
大型京剧意象杂技剧《粉墨》演出	济南市杂技团
山东省话剧院亲子剧场——儿童奇幻之旅	山东省话剧院亲子剧场
中韩电影文化月	山东博泰文化发展有限公司
东亚工艺美术经典展会	威海市委宣传部 经技区宣传部/特乙甲环球家具商城
沪鲁书画大家作品联展暨新华齐鲁古玩城开业活动	山东新华书店集团/山东新华文博资产经营管理公司 山东行行网络技术有限公司
首届孔子艺术节·中国(曲阜)国际孔子文化节书画大展	济宁市委、市政府/济宁市委宣传部 济宁市文联
山东省旅游商品创意设计大赛	山东省旅游局 济宁市人民政府/山东省旅游局商品开发服务中心 山东文博会济宁分会场执委会办公室 曲阜市人民政府 山东省旅游行业协会旅游商品分会
梦幻夜巴黎——法国兰天使歌舞剧院山东巡演	山东演艺集团
"建行之光"全国中小学生艺术展演历届一等奖作品大展	中国建设银行山东省分行 中华儿女美术馆/济南时报
鲁商嘉年华	山东省商业集团总公司
童话剧《小红帽》	山东省文化厅
乐动文博·交响音乐会	青岛交响乐团
画坛名家齐鲁行	济南市委宣传部/明星传媒有限公司
吕剧《大唐黜官记》	山东省文化厅
全民健身体育文化节	山东省体育局
齐鲁民间艺术演示	第三届山东文博会组委会办公室/济南市民间文艺家协会
山东省第九届汽车文化节	中国汽车流通协会 济南市委宣传部/润华集团
"原创十年"中国漫画百人联展	济南市委宣传部/山东世博华创动漫传媒有限公司
杂技专场晚会	山东省文化厅
京剧《穆桂英大战洪州》	山东省文化厅

续表

活动名称	主办/承办单位
"儒风泰山杯"第二届青年广告模特大赛总决赛暨颁奖典礼	山东省工商行政管理局 山东省广播电影电视局 大众报业集团 山东省广告协会/山东人为峰文化传媒有限公司 山东电视台齐鲁频道
京剧折子戏专场:《八大锤》《望儿楼》《春闺梦》《将相和》	山东省文化厅
交响音乐会	山东省文化厅
柳子戏《包公错断颜查散》	山东省文化厅
歌舞晚会	山东省文化厅

2.商业运作

第三届文博会在原先五个展示馆①的基础上,又新添置了三个展示馆②,代表了国家对信息化、品牌化和非物质文化遗产的高度重视。本届文博会还设置了七个产品交易区。③

第三届文博会共吸引了超过200万来自海内外的游客和超过1300个来自国内外的文化领域的合作方案,投融资总额达到7545亿元。其中,济南、日照和泰安三个分会场都获得了较好的收益。在济南,总共达成文化领域的合作方案15个,投融资总额达到234.3亿元;在日照,总共达成文化领域的合作方案10个,投融资总额达到9.13亿元;在泰安,总共达成文化领域的合作方案10个,投融资总额达到99.6亿元。交易是本届文博会的一大亮点,会场的交易总额超过了10亿元。

本届文博会在招商引资方面的突破体现在:第一,文博会借助会展机制,建立了企业、产品、经济与文化融合发展的内在机制;第二,在文博会的积极引导下,山东省的会展经济开始壮大起来。山东省十分注重打造影响深远的每一届文博会。它的筹办及开展已经成为人民群众积极参与、分享成果、推动影响的重要过程,为全省文化产业的繁荣增添了浓墨

① 数字动漫展示馆、综合展示馆、现代生活展示馆、创意设计展示馆、文化旅游展示馆。

② 信息服务展示馆、品牌文化展示馆、非物质文化遗产展示馆。

③ 图书音像产品交易区、文化演艺产品交易区、广播影视产品展示交易区、书画作品交易区、民间工艺品交易区、休闲健身产品交易区、教育服务交易区。

重彩的效应，成功地促进了山东由“文化大省”向“文化强省”的积极转变。虽然第三届文博会比较成功，但也有一些不足之处。随着人们对会展活动认识的不断升级，社会各界人士也提出相关意见建议，比如：文博会官方网站的形式过于简单，网络宣传策划力度不强；文博会专业化程度有待加强，主题词不够亮眼；文博会组织配套设施仍需完善，专业人才培养有待加强；国际化程度不高，营销手段有待多样化等，以上均对日后文博会的组织和筹备提供了参考。

7.1.4 第四届山东文化创意产业博览交易会

2012 年 8 月 30 日，第四届文博会在济南开幕。本届文博会是由山东省政府、文化部、国家广电总局等多个部门联合举办。山东省、济南市各相关部门的领导参加了本届文博会的开幕式并发表了讲话。第四届文博会又进行了一次易名，新加了“创意”两字，最终锁定为“山东文化创意产业博览交易会”，将创新置于山东文化产业建设的重要位置。本届文博会继续将主题聚焦在“创意、融合、发展”这三个方面。并且，本届文博会更加注重宣扬齐鲁文化，旨在打造出以创新为内涵、以交易为定位、以融合为方向、以发展为目标的山东省的特色文化产业。

1. 提升借鉴

在第四届文博会开幕前夕，为了学习与借鉴国内大型文博会组织经验，进一步顺应国内外文化创意产业发展趋势，山东省文化部门积极推行文化产品、文化服务“走出去”战略。2012 年 5 月，深圳市举办了第八届中国（深圳）国际文化产业博览交易会，山东省政府组织专人前往参加，学习了深圳举办文博会的经验。深圳文博会是全国第一个国家级的文化领域的展会，它代表了我国文化类展会的最高水平，为文化产品的交流合作搭建了一个完美的平台。① 第八届深圳文博会在规模、水平等各个方面创下了历史之最，具有以下几个突出的特点：第一，国际化水平较高。本届深圳文博会吸引了来自全世界 95 个国家的 15000 多名参展商。第二，产业融合程度较高。本届深圳文博会更加注重文化与科技、信息等产业的融合互动发展。第三，基础设施建设较完备。本届深圳文博会增加了更多

① 2004～2011 年举办了 7 届深圳文博会，参与企业从 2004 年的 700 余家，增加到 2011 年的 1896 家，成交额从 2004 年的 356.9 亿元，提高到 2011 年的 1246.85 亿元，都翻了近 3 番。

的财政投入，保证了文化展馆的基础建设。

从2010年开始，山东已经连续三年参加深圳文博会，参展推介经验较为丰富，同时，通过省内三届文博会的成功举办，积累了丰富的组织经验。通过参加第八届深圳文博会，山东在会展活动的设计、开发和运作等各个环节都有了全新的改观。具体体现在：第一，在文化产品的推介与宣传方面取得了新突破。山东深入推行"以科技成果引领文化成果、以文化成果推介科技成果"这一文化产业发展的中心思想，利用融合互动的思路，积极推进文化与科技、信息等相关联产业的联动式发展。第二，在促进会展业发展方面学习到新经验。通过组团参加深圳文博会，山东省会展业积极吸纳了国际化会展活动的组织经验，顺利与国内外文化产业发展的新趋势接轨，为第四届文博会的筹办积累了良好的经验基础。第八届深圳文博会在山东设立了分展区，该展区从整体设计、外部导向到内部运作等各个环节都是由山东工艺美术学院的相关专家和团队具体负责，他们完美地通过展区设计向海内外的观众展现了齐鲁大地在文化领域的地域特色和最新成果。山东分展区的总面积为312平方米，涵盖了序厅、主展厅和尾厅三个组成部分。展厅从外部造型上向大家呈现了"海""山""云"这三大主题元素，其中"海"代表着山东半岛的沿海海域，"山"代表着雄伟起伏的泰山，"云"则代表着山东文化的博大精深。并且，展厅在色彩运用上主要尝试了黄色与蓝色的混合，蓝色代表了齐鲁文化的海域特色，黄色代表了齐鲁文化的岱宗特色。这种展区设计充分反映出山东作为历史大省和文化强省所具有的厚重内敛的人文气象，也体现了"以科技成果引领文化成果、以文化成果推介科技成果"这一文化产业发展的中心思想。在展示形态方面，山东展区通过引进图书、影视、动漫等文化产品展现的全新形式，为观众呈现出一幅全面、形象和生动的山东文化地图。并且，通过将科技创新成果如3D影视、多媒体设计等引入文化成果的展示领域，实现了科技与文化对接、现实与虚拟对话、城市与乡村合作的现实效果，山东展区真正实现了齐鲁文化的"和、融、集"的中心思想。

山东省委宣传部有关负责同志表示，近年来在科技与文化融合发展理念的指引下，我省科技文化发展取得了丰硕成果。山东展区在整体上体现了"以科技成果引领文化成果、以文化成果推介科技成果"这一文化产业发展主题。将科技最新成果应用于文化产品的设计、规划与运作，以科技引领文化发展，以文化促进科技发展，积极推进齐鲁文化与高新科技的深度融合与互动发展。在文博会举办的这段时间，济南、威海这两个分会场通过影视作品、广告宣传等途径来推介和宣传齐鲁境内的文化成果，并借此来吸引海内外展商前来洽谈合作。据统计，会展期间山东省共发放企业宣传资料5万余份，取得了良好的宣传效果；共推介山东文化产业项目430多个，投融资总额超过700亿元；同时，洽谈合作项目38个，成交额高达70多亿元。此外，山东展区的文化成果也受到深圳文博会组委会的肯定和表彰。①

2. 模式创新

在“走出去”这一政策的积极引导下，山东省在会展领域的视野得到了开阔、模式得到了创新。第一，在展览项目架构中，参与及规划部门的多样化极大地丰富了参展内容。第二，在展览活动的主题宣传上，虽然本届文博会继续沿用“创意、融合与发展”的主题，但是顺应会展业发展的趋势和齐鲁文化发展的方向，本届文博会将焦点更多地聚集在“创意”这一时代化的主题上。具体表现在以下几个方面：一是第四届文博会又进行了一次易名，新加了“创意”两字，最终锁定为“山东文化创意产业博览交易会”，将创新纳入山东文化产业建设的重要位置。并且，本届文博会与“十艺节”相接轨，体现创意要素，其展示的文化产业新技术、新产品、新业态都让人耳目一新。② 二是定位更高、规模更大、影响更广，它广泛吸引了国内外客商参展，并进一步提升了山东文博会的品牌效应，为齐鲁文化的繁荣壮大铺设了坚实的基础。三是在场馆设置与活动内容上，它广泛吸引了全国31个省、自治区、直辖市及港澳台地区的团体和个人进行文化交流和合作洽谈。同时，新增添了各代表国家的令人耳目一新的特色展区。其中最具创新性的当属国际性的动漫主题展馆，它云集了世界上动漫产业发达的新加坡、泰国等国家的动漫公司，通过技术交流、产品展示来实现动漫文化的产业链延伸。第四届文博会组委会还开展了文博会与艺术节相结合的系列项目，相继开发了泰山艺术双年展等70多项活动，吸引了大量民众前来参与，在全社会掀起了一股投身文化活动的新浪潮。第四，在经济效益和社会影响方面尤为突出。本届文博会主要开展了商务谈判、项目推广、主题活动和文化论坛四项展览项目，其间举办论坛12个、主

① 荣获了“优秀组织奖”和“优秀展示奖”。

② 曹乐平. 文博会冠名几经嬗变“名字”里的“文博记忆”[N]. 大众日报，2016-6-29.

题活动 72 项，其中带有“齐鲁”字样的创新产品占到文化产品总数的一半以上，成功地展现了齐鲁文化的地域特色和独特魅力。通过文博会的开展，山东省获得了较为突出的经济效益和社会影响。山东省总共完成各类型的文化项目共计 1252 个①，实现投融资总额近万亿元②，交易成交额达到 20 亿元。本届文博会共吸引了海内外参观者 120 万。③

在本届文博会举行期间，山东省签订了数目繁多、成交额巨大的重点领域的文化类项目。有 100 多个文化类项目参加了现场签约仪式，其中有 60 多个属于重点领域。这些文化项目共达成的投融资总额高达 1922.33 亿元。重点类文化项目主要是指从上届文博会到这届文博会期间山东省已经达成协议并且即将成熟运作的落地项目。其中，以合同形式签约的重点项目超过 50 个，占到了 80%以上，项目的投融资额合理适中，各个项目不但涵盖了文化创意、影视剧拍摄、动漫创作等方面，而且在规模方面也更为适中。山东省有接近 20 个公益类的文化项目分别在第四届山东文博会公益类专场推介会上成功通过，成交额接近百亿元。

经过四届山东省文博会的精心运作，它已逐步显现出对文化产业的巨大推动作用。随着对这一平台的持续打造与升华以及形成品牌化趋势，文博会已经逐渐演变成促进山东省文化类会展跨越式发展的助推器，并肩负起山东省文化领域改革与创新的重要历史使命。

7.1.5 第五届山东文化创意产业博览交易会

2014 年 8 月 28～31 日，山东省第五届文博会在济南举办。在与相关联产业融合互动、创新转型的大趋势下，与前四届文博会相比，第五届文博会在组织、运作、内容、形式等几个方面进行了前所未有的改革与创新。

1. 组织形式

前四届文博会一直延续省市联办的运作方式，由于会展活动涉及部门众多，在统筹安排具体工作时，联办的方式难以有效调动承办城市的积极性和能动性。而本届文博会在设计、开发、运作等各个领域的组织形式上都实现了较为明显的创新，形成了由山东文博会组委会统一领导、省市联席会议指导协调、承办城市执委会具体组织实施的运作机制，大大缩短

---

① 其中招商类项目 857 个，公益类项目 395 个。

② 其中投资总额近 7000 亿元，融资总额 2900 亿元。

③ 陈炜敏. 120 万人次观展第四届山东文博会[N]. 济南日报，2012-9-3.

了工作中的行政审批时间，强化了承办城市的主动权和责任感，极大地调动了其积极性和创造性。

往届文博会将办会展的重心放在了主办主体“怎样办”上，忽视了在会展中具有口碑宣传效应的主体，在提高群众的参与度和关注度等方面做的工作相对薄弱。为了调动更多的人参与进来，相关部门积极做好推介宣传工作，不断提高济南、曲阜、青岛等城市的文化影响力。第五届文博会组委会致力于打造一次真正的人民的节日，面向全国开展第五届山东文博会宣传口号、精神表述语征集活动。山东省文化产业相关部门组织了由本省文化领域的知名学者、行业代表等为主的评审团，通过对征集的表述语专业、客观、公正的筛选，最终一致通过了“文以载道、博以融智、会以利民”作为本届文博会最为合适的表述语。专家们高度赞扬和评价了这条表述语的准确性、合理性和适当性。有的专家表示：这条表述语取其首字为“文博会”，而三个方面的表述则较为精练、贴切地涵盖了举办文博会在道德传播、智力贡献和民众普及中的重要意义和功能作用。同时，评审团还一直通过了6条本届文博会的宣传用语。[①] 本届文博会主题确定为“转型升级，融合发展”。

除了主题征集活动的全民参与之外，本届文博会的一大突出特色就是在布展中处处体现了“文化惠民”的理念。本届文博会在济南市国际会展中心设置了主体展馆，并且确定了展区、论坛和群众性文化活动三个主要领域；设置了改革发展综合展区等10个展区[②]；在山东省博物馆、山东工艺美术学院、济南舜耕会展中心、文化中心艺术馆、文化馆、图书馆、齐鲁文化创业基地、西街工坊等设立了36个分会场。此外，为了进一步激发全民参与文博会的热情，威海等五个城市也分别设立了分会场。从主会场的整体布局到分会场的专门设置，几乎涵盖了济南下辖的每一个区县市，参与文博会的市民或游客可以根据自己的时间选择就近或喜欢的分会场进行参观，还可以凭借检票印章，在各个分会场的配套商店享受购物

① 其余入围作品7条：“载道、融智、惠民”“文汇齐鲁、博通天下、会当绝顶”“以文会友，以文‘博’爱，以会辅仁”“创意、创智、创业、创新”“承齐鲁韵、传厚重文、乘融合风、圆中国梦”“文若泉涌，博通江海，会当绝顶”“承齐鲁文化底蕴，铸创意产业辉煌”。

② 其余展区包括：新型文化业态展区，文化企业、文化产业项目和园区展区，省外文化产业展区，演艺影视展区，新闻出版及版权交易展区，文化艺术品展区，现代生活展区，文化创意和设计服务展区，文化休闲娱乐和文化用品展区。

优惠。此外，这届文博会首次对济南市民实行门票免费的政策，这极大地激发了群众的参与性。

2. 商业运作

本届文博会首次为参展商引入两个独立的运作平台——采购平台和供应平台，将原先供参展伙伴展示文化产品与服务的单一平台进行了延伸与细化，更加注重促进参展伙伴在采购领域和供应领域与消费者的交流合作。招商形式和手段上的大胆创新，极大地吸引了各地参展商的参展热情，加强了省内一批重大文化项目的推介宣传力度。本届文博会吸引了全国 30 多个省市区和来自国内外的接近 3000 个企事业单位前来进行交流合作，在山东省的 17 个地市都设立了专属的展位。成交额是衡量展会成功大小的参考指标，相关部门努力使参展商效益达到最大，推进文化领域的交流合作，强化各个主题的项目征集、推介的力度，努力扩展创意类文化项目的投融资力度，努力将本届文博会打造成综合性、融资性和数字性的文化交流与合作的重要平台。

本届文博会积极开展了丰富多彩的展会活动，主要包括以下几个方面：第一，在会展举办之初，首次组织策划了“相约文博会·群众文化活动摄影大赛”“优秀非物质文化遗产、中华老字号评选”征集和评选活动，在社会上引起了巨大反响，吸引了群众的广泛关注。第二，为了充分展示齐鲁文化较强的地域特色，与会的团体和个人找准自己的文化特色和发展定位，广泛采用多媒体等艺术加工手段对山东省的文化品牌及泉水文化、滨海文化、泰山文化、运河文化、黄河文化等地域文化进行传承与创新，同时还以现场展演、制作的形式对优秀民间艺术、传统工艺等非遗项目进行综合性展示，更加全方位地展示了山东省的形象。第三，文博会紧紧围绕着“融合互动式发展”这一主题，推进文化产业与信息、科技、贸易、旅游等相关联产业的融合互动，为文化产业链的结构优化奠定了良好基础。本届文博会在融合的基础上实现了经济效益和社会效益的双赢。① 第四，在本届文博会举办的四天内，山东省共组织进行了 263 项基层性的文化活动，包括歌唱比赛、曲艺演出、书法比赛、绘画会展、节庆仪式等。同时，山东省相关部门还组织进行了文化类的艺术展览和主题论坛。在展会期

① 在为期四天的展期内，山东对外推介的文化产业项目有 1020 个，投资总额 6236.23亿元，融资总额 1885.72 亿元；现场签约 52 个重点文化产业项目，投资额 1143.24 亿元；参观人数达到 140 万人次，文化产品现场交易额近 35 亿元。

间，还增设现场体验等一系列互动活动，让市民、游客等参与者乐在其中。台湾工艺研究发展中心许耿修主任如数家珍般地介绍了文博会上展出的10件台湾工艺品。

作为全省人民生活中的一件大事，第五届山东文博会紧扣“融合互动式发展”的这一主题，不断汇聚、展示和推介文化产业链中的各种产品和服务，并集中展现文化产业与信息、旅游、金融等产业互动式共赢的新成效和新成果。本届文博会的成功举办深深地助推了我省文化产业链的转型升级，并且推动了山东省由“文化大省”向“文化强省”的积极转变。

7.1.6 山东文博会发展小结

截至2014年，山东省文博会已经成功举办了五届，并逐渐成为山东省在文化领域的一个广阔平台，在经济、社会、文化等方面都产生了巨大的效益。在经济效益方面，历届山东省文博会都为本省文化产品及服务的合作交流提供了巨大商机，带动了投融资金额的增长，引领了民众对文化产品的消费，有利于推进山东省文化产业链的结构升级。大量与会者的涌入与联动促进了山东省交通运输业、住宿餐饮业、旅游业等相关联产业的繁荣壮大。[①] 在文博会的积极促进下，山东文化创意产业实现了几何式的倍增[②]，具体见表7-2。

表7-2　历届山东省文博会的参观人数和投资总额(2006～2014年)

	第一届(2006年)	第二届(2008年)	第三届(2010年)	第四届(2012年)	第五届(2014年)
参观人数(万人次)	96.5	158	220	120	140
投资总额(亿元)	316	276.33	1383.57	1211.39	1143.24

注：1. 参展人数包括参观展览的人数和参与文化活动的人数；

2. 2010年的投资总额仅包括主会场济南的数据；

3. 投资总额仅包括现场签约项目的数据。

在社会效益方面，文博会成为文化产业优秀成果的宣传推广平台，各个主体都日渐意识到文化的重要地位，有利于进一步深化文化体制改革，

① 杜启洪. 文博会的山东创意[J]. 走向世界，2012(22)：16-20.

② 2010年，全省文化创意产业增加值达到1230亿元，占GDP的3.12%；2011年达到2300亿元，跨入全国“两千亿”俱乐部。

推动行业交流和信息传播。在第三届文博会开展期间，淄博将城市定位于陶瓷生产这一优势领域，旨在打造出高水平的陶瓷类产品；东营则将城市定位于黄河文化、湿地文化和生态文化这些主题；在泰安展区设有方特欢乐世界体验区、封禅大典展示区，观众可进行现场体验。各市的特色文化资源和文化品牌得到充分的展示，大量的论坛、文艺活动加深了各地在文化领域的交流与合作，山东在国际、国内的文化竞争力和影响力也得到了不断提升。

但山东文博会也存在明显不足：一是政府主办色彩明显，市场机制作用发挥不足，没有充分发挥行业协会作用，培养起本土的品牌会展企业；二是政策法规体系不够完善；三是场馆功能配备和配套服务水平不高；四是专业会展人才队伍建设急需加强。

7.2 山东省举办的重要节庆：中国艺术节

1987 年，首届中国艺术节①在首都北京举办，之后每三年举行一届，到山东省承办时已经是第十届。经过多年的发展，中国艺术节的规模愈加宏大，模式愈加丰富，参展观众愈加热情。作为中国艺术领域最具权威型的展会之一，中国艺术节在社会文化生活方面发挥着举足轻重的作用。中国艺术节在最初的发展过程中的主要模式是以文化形式为载体、经贸活动为主线，之后开始逐渐变化为融政治、经济、文化、生活为一体的多功能型节庆活动。它的文化内涵正在不断扩展，办展模式也在不断丰富。本节主要以山东省举办的第十届中国艺术节为个案，论述其发展、举办、组织、策划等内容。

7.2.1 中国艺术节概述

1. 中国艺术节的发展脉络

中国艺术节是国内艺术类节庆活动中名望最高、影响最广的艺术盛

① 中国艺术节是具有全国性、群众性的重要国家文化艺术节日。1987 年秋，经国务院批准，在北京举办首届中国艺术节，节期为 15 天或 20 天。艺术节由文化部与所在省、市的人民政府共同主办。

会。文化部还专门制定并颁布了《中国艺术节章程》[1],其中明确指出:中国艺术节的主要活动有舞台形式的汇演、艺术品的展览和群众性的文化活动等。

第一、二届中国艺术节都在首都北京举行,第三届至第七届分别在春城昆明、金城兰州、蓉城成都、金陵南京和钱塘杭州举行。自第八届开始,举办地不再局限于一个城市,而是以主办省的省会为中心,以该省具有代表性的其他城市为副中心,开创了以省为单位的主办和承办模式。第八届中国文化节由湖北省武汉市作为主办城市,其他4个湖北城市作为承办城市。第九届中国文化艺术节由广东省广州市为主办城市,其他4个广东城市作为承办城市。第十届中国文化艺术节则在山东省的17个城市举办,涵盖了全部的山东行政区划城市,突出了其作为一项服务人民大众的节庆活动的发展定位。经过了20多年的发展历程,中国艺术节实现了从全能政府型到市场引领型、从消费群体局限型到参展人群大众型、从定位省内国内型到国际市场开拓型、从展览项目单一型到开拓多元渠道型、从展览类别专一型到设计领域综合型的全面转型升级,但是却一直保留着"艺术的盛会,人民的节日"这一不变的艺术节庆主题。每一届艺术节遵循着"以经典带动多元、以艺术引导潮流"的发展理念,将鲜明的地方文化元素融入绚烂多彩的艺术表现形式中,带动了社会民众的广泛参与。从中国艺术节的发展历程来看,无论在文化发展战略建构中,还是在民众的社会生活中,文化在经济政治生活中的作用越来越凸显。中国艺术节是国内艺术节庆领域声望最高、影响最广、带动力最强的艺术盛会,它为全世界艺术领域的专业性人才搭建了一个展示自我才华和追求的舞台,一直是众多艺术领域诞生精品、交流合作的重要窗口。无论在弘扬与传承优秀传统文化方面,还是在促进经济发展与社会进步方面,中国艺术节都扮演了重要角色。中国艺术节作为一个艺术文化领域的重要平台,聚集着中国各省份在文化、艺术等相关领域的最高成果,积极地呈现出了文化艺术从业者的良好精神风貌,体现了中国社会主义现代化建设欣欣向荣的景象,有利于重塑"文化强国"形象,提升国际地位。

2010年,山东省济南市成功申办第十届中国艺术节(以下简称"十艺

---

① 1997年5月12日由文化部发布,共七章27条。

节”）。历经三年紧锣密鼓的精心筹划，由国家和山东省的文化相关部门规划、设计、运营的“十艺节”终于开幕。山东省文化主管部门秉承“艺术的盛会，人民的节日”这一不变的主题，积极探索出“办好艺术盛会、建设文化强省”的这一届相关主题。本着弘扬传统艺术文化、繁荣和发展先进艺术文化、丰富人民群众艺术文化生活的基本定位，坚持政府的主导作用，以文化惠及人民大众为根本目的，突出各地市的地域特色，调动民众参与热情，努力创新展览项目，秉承勤俭节约的优良传统，确立了本届展览活动的规划格局。① “十艺节”以济南、青岛、淄博、烟台、潍坊为重点推广城市，承接各种奖项评选、优秀作品展评及艺术成果交流等活动。据统计，“十艺节”通过16天如火如荼的相关活动的开展，共吸引了来自省内外接近3万游客。②

2.“十艺节”的组织与运营

“十艺节”组织机构包括办公室、人事部、大型活动部、新闻宣传部、艺术创作演出部、群文美术部、外演及演艺产品交易部、场馆建设部、市场开发部、财务部等。其他17市根据省筹委会组织架构和职能，结合本地实际，成立了各市“十艺节”筹委会。这种组织架构有利于实现不同部门以及各市与省筹委会之间的快捷沟通、高效联动。权责分明、效益显著的行政协调机制对“十艺节”的顺利开办具有重要意义。“十艺节”的组织和管理纵向行政层次包括中央、省、市各个层面，横向行政层次包括交通宣传、文化、财政、公安、交通、外事等各个部门。“十艺节”的成功举办有赖于一整套健全的政府监管体制机制、完善的各级具体项目的会议日程和协调、运作、实施项目的运营团队。通过实行纵向指挥机制将承办权下放到各市，形成国家、省、承办市三方层次的组织架构，推动实现各级政府和部门之间快捷高效的纵向指挥机制。通过实行横向协作机制，各部门在筹委

---

① 资料来源于2014由山东省文化厅主持编撰的《第十届中国艺术节区域社会文化发展中价值与影响力实证研究》（济南：齐鲁书社，2014）。该书从“十艺节”筹办对区域经济文化发展影响力的角度，科学系统地总结了“十艺节”的创新经验，从实证角度回答了中国艺术节对国家及区域发展的作用。

② 第十届中国艺术节［EB/OL］.［2016-05-26］. https://baike.baidu.com/item/%E7%AC%AC%E5%8D%81%E5%B1%8A%E4%B8%AD%E5%9B%BD%E8%89%BA%E6%9C%AF%E8%8A%82/2711079?fr=aladdin.

会领导下承担相关的专门性事务。各组织单元通过筹委会实现横向职能衔接，通过合理分工形成系统的协作机制，进一步实现主会场与分会场功能互助、内容互补、相互呼应的联动机制。

“十艺节”的成功举办需要完善齐全的场馆基础设施建设。山东省坚持把剧院、美术馆、博物馆等各种公益性服务场所的基础设施建设与当地的整体规划紧密结合起来，在保证“十艺节”成功举办的前提下，能确保场馆资源在节后得到有效的利用，充分体现出场馆设施的综合效应。为保证“十艺节”各类演出的顺利进行，全省投入98.31亿元用于56个展演场馆新建与改建工程，全省村(社区)文化大院从4.9万多个增长到6.9万多个，乡镇(街道)文化站从1120个到基本实现全覆盖并规范运行。作为山东省的省会，济南是“十艺节”的主要承办城市。为了提供完善的专业场馆，济南市精心策划了包括大剧院、图书馆、美术馆、艺术馆等一系列专业化、完善化的会展场馆。在整体规划建设过程中，一批老剧场也在筹备过程中焕发了“第二春”。如已有百年历史的北洋大戏院，是济南市最早的戏剧演出场所。济南市政府投资1800万元对大戏院进行改造，不但增加了现代演出需要的设备设施，还为济南市民增添了一处古老而又富有现代气息的艺术殿堂。“十艺节”以属地负责制来统筹场馆基础设施建设，山东省各承办城市的“十艺节”主办单位设立专门的部门运营场馆的建设，在省级场馆建设部门的带动下，分工协作保证“十艺节”的场馆基础设施的完善和齐全。① 另外，为了保证基础设施建设的有效进行，山东省场馆建设部门还受到“十艺节”相关委员会的严格审查、严密监督和严谨指导，力求“十艺节”的每个场馆都能做到保质保量的如期完成。

“十艺节”主要参考以往中国艺术节的经验教训，成立了专门的资金筹划小组，统筹国家拨款、企业捐赠和自营收入等多项资金来源。第一，制定了高级合作伙伴、合作伙伴、赞助商和独家供应商四级招商计划指标，注册成立了山东文华艺术有限公司负责具体运营，统一包装各种具有开发潜力的市场资源，形成20个资源组合，匹配给两类合作伙伴；同时，作

---

① 在本章中笔者所指的“十艺节”场所，主要是指公共文化服务场所，即涵盖供群文节目、剧目、美术作品等展演所需要的图书馆、文化馆、剧场、博物馆、美术馆等，是十艺节能够顺利开展的重要保障和重要基础。

为对赞助企业的回报，将政府采购、定向招标和17地市“一场一线多点”户外广告等资源进行了全面整合，并协调相关部门就公益性捐赠支持“十艺节”的单位和个人享受税收优惠政策作出明确规定。第二，构建了一个完善的筹资渠道体系：一是包括省、市级财政拨款，国家专项经费在内的财政投入；二是社会捐赠、企业捐赠等资助形式；三是企业广告、门票收入、展位租赁、展品销售、产品拍卖等营利收入。“十艺节”在加大政府资金投入的同时，还积极争取社会力量的参与共建，获得了强大的资金保障，场馆、物料、服务等各项支出顺利。在资金投入基础上辅以品牌推介、资源整合、企业营销等市场开发手段，“十艺节”的品牌价值不断凸显。据有关部门统计，“十艺节”的市场开发金额赶超以往，其优秀的运作模式可以为以后各届艺术节的成功开展提供经验借鉴。①

7.2.2 “十艺节”的创新、影响与效益

1.“十艺节”的创新特色

从建筑设计层面看，整体设计很好地凸显了地域特色。省会文化艺术中心的设计方案非常高明地嵌入了济南本土的“泉水文化”②元素，突出了泉城特色。“三馆”（美术馆、图书馆、群艺馆）整体上呈现出“佛山倒影”③的视觉效果，会展会议中心则凸显“泉韵灵动”的设计理念。大剧院的建筑以“岱青海蓝”④（见图7-4）的设计风格为主，其整体设计植根于济南的城市形象元素，彰显地域风采，其配套设施也映衬了其设计理念。

---

① 蔡武：“十艺节”筹备工作中有很多创新和亮点[EB/OL][2013-09-17]. http://money.163.com/13/0917/14/98VT8IKG00253B0H.html#from=keyscan.

② 该建筑群中央采用中控的环形建筑，像是正在涌动的泉水，周边有八栋形态各异的建筑环绕，立面则像泉柱喷涌的造型，惟妙惟肖。

③ 即济南大明湖中的千佛山倒影，自从刘鹗在《老残游记》中描叙后，普遍为人所知。

④ “岱青海蓝”彩车是9400万山东人民献给中华人民共和国60华诞的贺礼。车体上下分三层：第一层是固定部分，保证驾驶人员视线及车体安全；第二层则可以用液压升降设备推出泰山山脊，人工插接“城乡一体化”上半部分；第三层就是人工插接山顶祥云和“岱青海蓝”标志部分。

图 7-4 “岱青海蓝”彩车

以往每届中国艺术节都以大众喜欢的文艺演出、书画作品展出为重点，而“十艺节”独具匠心地融入了新亮点，即“历史的建构——当代中国建筑艺术展暨第十届中国艺术节建筑艺术展”及“当代中国建筑艺术与创作论坛”的亮相。从大众层面来看，“历史的建构”通过梳理并展出中国当代建筑，将不同时期最具典型性的建筑创作贯穿于整个过程，涵盖了国际事务所、各类型设计院等著名的作品，通过“十艺节”多角度、科学理性地记录了中国建筑在特殊阶段具有关键意义的节点，能促进建筑行业之外的人进一步了解中国现代建筑的建设脉络与发展情况。从政府层面来看，通过有关展览和论坛的开展高度认可了建筑的艺术，并进一步肯定了建筑师的工作。伴随“十艺节”的积极影响，建筑文化得到了继承和发展，并逐步融入到大众的艺术创作和文化生活中。笔者认为，建筑艺术已经逐渐走进了平民百姓的视野，“十艺节”正迎合了这一时代的发展趋势，为我国的建筑艺术家们打造了一个展示自我、对外交流的平台，是建筑艺术真正融入艺术殿堂的良好开端。

中国艺术节作为高水平的综合性艺术活动，是陶冶大众情操、培养大众审美能力、丰富大众业余生活的最佳形式，同时也是促进社会稳定、保持社会和谐、弘扬民族精神的有效途径。一部成功的作品凝聚了作者上下求索的专业精神、不辞辛劳的从业激情，而业内的评价、行业的认证正是对成功作品创新的最高褒奖。因此，演艺产品与市场结合并被市场检验，将极大地激励艺术家不断创新的热情，寻找到艺术家与群众需求的最佳结合点，进而推动演艺事业的长足发展。通过这一平台，不同地区的艺术精品能够在最短的时间内得到有效推介、展示和评价，而各地演出团体也能进行及时沟通交流，并与相关机构直接达成合作意向，从而实现演艺产品与文化市场的紧密结合。

"十艺节"通过一系列切实可行的举措和多元化的服务方式，把文化惠民政策落到实处。如通过向"十艺节"场馆建设者和社会特殊群体免费赠票、推出 20 元亲民演出票价、多场免费群众文化演出、网上直播等方式，为群众观看高水平演出拓展多层次渠道。并且，通过博物馆、图书馆等艺术场馆的对外开放，精彩项目走入大众、走入企业，以及其他相关措施①，不断拓展文化产品与服务，惠及民众、民生的各个领域。此外，"十艺节"在活动内容、策划、组织等不同层面，坚持以群众需要为出发点，许多活动的创意和取材都源于民间，因此受到民众的普遍关注和积极参与。如济西湿地徒步大赛，起初限制 1000 人参加，但报名人数超出原计划人数的一倍之多。在本届艺术节中，类似情况屡见不鲜，"接地气"成为"十艺节"成功举办的重要因素之一。"十艺节"本着力求节俭的原则，以实际行动引领了国内大型活动节俭举办的新气象。文艺创作以注重回归艺术本体为原则，汇聚了大批全国艺术创作和文化创作的丰硕成果，展演过程以服务艺术表现、受众感悟为宗旨，不以场面宏大、舞美绚烂取胜，反以简短、朴素、具有时代精神的仪式代替。"十艺节"期间，组委会和各地承办方最大限度地控制开支，压缩行政、接待等费用，将财政支出用在关键环节，获得了良好的社会反馈。

"十艺节"作为一个全民参与的艺术节日，分会场设置具有十分重要的作用，不但能推动各市文化的发展，还能最大限度地避免节后场馆闲置浪费，充分发挥节会活动的多元化带动效应。笔者在对青岛市公众总体参与度的研究和分析中发现，节后比节前有更多数量的人深度了解"十艺节"，说明青岛市民在"十艺节"举办期间能够近距离地参与其中。在此次中国艺术节的观众中，选择电视观看的比重最大，说明传统媒体仍然发挥着重要作用，而互联网新媒体作为全新的宣传力量也日益发挥更重要的

---

① 如取消向党政机关、领导干部等公款赠送票，一半以上实行中低票价政策，劳动模范、福利院儿童、低收入等重点人群可享受赠票特权等。

作用，选择现场观看的比例依旧比较低。笔者还对青岛市公众对“十艺节”参与的深度方面进行了调查分析，发现只有不到20%的人知道山东举办“十艺节”，总体来说公众对于艺术节的知晓度相对较低，表明艺术节在宣传力度上还有较大的提高空间。在对艺术节的节目形态调查分析的过程中发现，观看歌舞晚会的主体观众数量最多、比重较大，曲艺晚会位居第二，地方戏曲、音乐会以及京剧观众比例也相对可观。总体而言，歌舞晚会、曲艺晚会等大众喜闻乐见的活动项目参与程度较高；而相比之下，美术展览、舞剧、话剧等形态受关注的程度较低，甚至很多被采访对象表示并不了解话剧等艺术形态的基本知识。

同样，作为承办城市之一的烟台市高标准、全方位地完成了“十艺节”工作任务。“十艺节”的成功举办为烟台文化建设带来了积极的影响。第一，“十艺节”在一定程度上完善并提升了烟台市文化项目的服务功能，进一步提升了烟台市民参与业余文化生活的热情。第二，“十艺节”提升了烟台市整体艺术创新水平，同时提升了当地文艺团体的发展水平。第三，从文化基础设施方面看，烟台市不断加强文化基础设施建设，从场馆硬件条件、软性服务条件等方面严格把关，通过实施场馆后续运营机制，融入了更多的演出活动，提升了公共文化资源的利用率，并在节后安排一些演出项目来带给本地市民更多的艺术享受。第四，烟台市公共文化服务体系也得到了较大程度的改善，不但注重功能设计的齐全、规划设计的科学，同时也积极拓展多方位载体来提升综合水平。总之，“十艺节”的成功承办使更多的人了解烟台这个城市及齐鲁海洋文化，并向外界集中展示了烟台近年来在文化建设方面的突出成果。

淄博市紧密围绕“全省办节、全民参与”的精神，策划了绚丽多彩的群众文化活动，包括“十艺节”倒计时一周年启动仪式、淄博市第二届广场舞大赛等内容。其中，民间艺术团体在基层开展演出场次达600多场，尤其值得一提的是“第十届中国艺术节弘文尚墨——品藻社书法艺术展”①的成功举办，为书法艺术家、书法爱好者提供了一次近距离交流、学习的机会，也丰富了市民的文化艺术生活，为城市文化增添了亮丽的风采。“十艺节”期间，淄博市植根于自身悠久的历史和浓郁的文化氛围，积极创造

---

① 此次展览汇集了国内具有一定艺术造诣和知名度的8位书法家的百余幅作品，具有极高的艺术价值。

出一系列极具地域特色的优秀作品，着重表现东夷文化[①]、齐文化等各个历史时期形成的典型代表。如在舞台艺术创作层面，涌现出了《云翠仙》《滕王阁》《曙光》《物语》等一批艺术精品，节目无论是内容设计、表现方式、呈现形式、演员演技等方面都表现出了淄博本地的风格，赢得了大众的赞美。另外，笔者在调查中发现，淄博市在群众文化艺术活动的开展中注重增加人文关怀性，如淄博市组织举办的"共享"十艺节"，手拉手行动"，利用"一帮一"的有效途径，邀请志愿团队为需要的青少年做相应的教育、辅导，并且进行亲情陪护。由此看出，淄博市"十艺节"的群众文化活动不仅内容丰富，并且具有高度的艺术性和深刻的思想性。此外，淄博市分会场组织周密的安保人员对活动场所进行安全检查，严密各项防控工作措施，确保各项工作顺利进行，为"十艺节"的顺利举办保驾护航。在餐饮服务、食品安全方面，通过成立监管工作队伍对重点酒店进行安全把关，并成立食品药品稽查大队，同时合理评估酒店的接待能力，严格把关酒店的接待资质，通过以上一系列措施使"十艺节"的组织工作得以有序开展，规范"十艺节"的市场环境。

2."十艺节"影响力分析

作为一次全国性的艺术文化盛会，"十艺节"给山东省的代表城市贡献了展示艺术领域建设新成果的平台。通过"十艺节"的成功运作，不仅提升了山东省整体的艺术品牌感染力，还极大地促进了山东省在国内和国际文化市场上的合作与交流，提升了山东地域文化的竞争力和品牌效益，促进了经济与艺术领域的联动，对提高公共服务能力起到了重要促进作用。

"十艺节"是一个展现我国各省份、各城市每个阶段文化成果的重要平台。每届艺术节都会设置"群星奖"等重要奖项，来自各个文化部门的从业者以及广大人民群众等都参与到"十艺节"文化活动的开展过程中，并且贡献了数量众多的参评、参演作品。在"十艺节"筹备过程中，山东省共投入2.8亿多元打造艺术精品，共创作了62台高质量的舞台剧目，其中有15台重点作品参与"文华奖"评比展演，39件重点作品进入"群星奖"决赛，124件重点作品入围全国优秀美术作品展览，均居全国第一。30多件

---

① 东夷文化是从距今8300年前的后李文化开始，由东夷人所创造的文化，其范围包括现今以山东为中心的东部广大地区。

群众文化作品、4项公共文化活动荣获“群星奖”，成为参赛省份数量之最。基于对生活各个领域的深入挖掘，各文化领域人才关注生活、回归生活、超越生活的积极文化追求和对文化艺术的独特见解在相关的文化成果中体现出来。比如，吕剧《百姓书记》植根山东本土化的音乐曲调、语言，塑造了一位带领百姓成功实现人生价值的好领导角色；话剧《红旗渠》则描述了基层干部指导大家努力修渠的艰难历程；《生命档案》《郭明义》等作品叙述了郭明义等一系列时代楷模的英雄事迹。“十艺节”的成功举办，加快了山东省文化建设的步伐，大幅提升了区域文化基础设施建设水平。在积极筹办“十艺节”的过程中，山东省积极推动基础设施建设工作，加大了对科技馆、博物馆等基础文化场馆的财政补贴。其中，省市级公共文化服务体系建设投入是最为集中和巨大的。以济南市为例，借助“十艺节”举办契机，市、区（县）对基层文化场馆加大了投入力度，基本实现了县级及以下基层文化场馆的多方面覆盖的发展目标，为城市居民创造了富有积极文化气息的宜居环境。除不断构建完善公共文化服务体系外，“十艺节”也依托多种便利条件加强文化惠民力度。通过坚持低票价原则、开展民生汇演、增加各个地区摆场巡演、推动文化大剧团走基层等举措，一方面能够丰富群众业余生活，满足人民群众基本文化需求；另一方面拉近了艺术家与普通百姓的距离，激发了群众参与艺术创作和文化消费的热情，让特色群众节目和优秀群众人才走出社区广场，走进艺术殿堂，实现了节会举办和文化惠民的完美结合，践行将“十艺节”办成“人民的节日”的精准定位。“十艺节”期间，在济南市面向社会征集的621件群众文化作品中，选出了4件优秀作品参加最终的“群星奖”评比，充分调动了民众的参与热情，并且更好地展示了广大文化爱好者的文化成果。

“十艺节”打破了以往国家艺术赛事在全国各地分散举办的局面，创新性地实现了系列展演活动集聚于山东的局面。一方面，解决了群众不能直接参与艺术盛宴的现实困境，从细微之处实现了文化惠民；另一方面，由于全省17地市共同参与举办活动，使每一个地方都能承担展览任务，在推动文化发展的同时，还避免了场馆闲置浪费的问题。所以，“全省办节、全民参与”的模式既发挥了会展活动在经济与社会发展中的多元带动作用，也缩短了文化艺术精品向城乡居民文化消费靠拢的进程。在政府财政的拉动效应[①]下，“十艺节”通过拓宽多元化投资渠道，筹集财政资金 3 亿元，撬动社会资金 20 多亿元，并最大限度地动员企业和社会力量共同参与，实现了机制和模式上的大胆创新，创下超越历届中国艺术节社会筹资的最高水平。在全民参与的良好氛围中，按照展演要求，全省共准备展演场馆 56 个，投资新建 16 个场馆，改造维修 25 个原有场馆，从场馆硬件到运行软件，均按照国内一流水平的会展标准实施，全民参与的意识不断提升，凸显了会展活动在文化惠民、富民方面的巨大效益。

3.“十艺节”的社会效益

从全球范围看，世界上不同国家或地区的艺术节有 1 万多个，其中约 50％的国家艺术节受到了国际社会各方面的肯定。国家艺术节已经从高门槛、小众化的精英节会转化为国家或地区进行形象营销的重要平台，愈发明显地体现出国家或地区在文化领域的最高水平，承载着艺术宣传、艺术交流、树立旅游形象、增强知名度等功能，从而对国家国际竞争力的增强与各个领域的基础建设产生积极的推动作用。作为一个知名的文化艺术类的大聚会，“十艺节”主要是由相关政府部门运作。“十艺节”充分调动文化市场的敏锐感知力和超强自判力，实现了各种要素资源的最大化配置和最有效利用。“十艺节”提供了一个众多优秀文化作品探索交流的平台，为中国的艺术事业的发展贡献了一份重要的力量。在“十艺节”期间修建和完善的文化场馆、美术馆等在节后可以被人民大众有效地利用起来，一方面能够最大限度地保障人们的文化权益，另一方面遵循了“粉丝经济”[②]的发展规律，与流行文化圈的粉丝相比，“十艺节”的粉丝群体涵盖更加广泛，上至七八十岁的老人，下到“80 后”“90 后”的年轻群体，有效扩大了文化艺术的群众基础。

“十艺节”是艺术的盛会，它的举办毫无疑问地对山东省文化艺术的发展产生了巨大的推动作用。一方面，“十艺节”生产创作了一批精品力作，成为彰显中国气质、中国精神、中国道路的伟大艺术盛会。“十艺节”绚丽多姿的舞台演出、交易活动和群众文化活动彰显了我国近三年文化艺术全面发展的辉煌成就，展现了文化艺术队伍的精神面貌。同时“十艺

---

① 拉动效应(Pull Effect)是指在公共工程项目之后带来的消费水平和私人投资水平的上升。

② 粉丝经济泛指架构在粉丝和被关注者关系之上的经营创收行为，被关注者多为明星、偶像和行业名人等。

节”具备天然的展示聚合功能，对于促进优秀文化作品的交流、优秀文化人才的合作起到了积极作用，为创造文化领域的优秀作品、促进优秀产品的文化带动力提供了重要条件。另一方面，“十艺节”的举办有利于推动国家、省市文化艺术领域中托管制、股份制等多种管理模式的探索，对深化我国文化体制改革有积极的作用。笔者通过现场采访、问卷调查等形式调研后发现，大部分受访者认为艺术节的举办可以极大地促进文艺工作者的创作积极性，通过“优胜劣汰”的公平竞争原则，促使更多、更优秀的文化精品展现在公众面前，提高大众的鉴赏能力，陶冶大众情操，激励文艺工作者以较大的激情投入到文化艺术精品的创作之中。

山东省政府部门历年来十分重视对文化艺术领域工作成果的检验，一直将文化创新战略置于较高的位置。山东省政府部门通过举全省之力与全民参与相结合的良好机制、节俭办节与文化惠民结合的崭新模式以及繁荣文化艺术与后“十艺节”效应结合的长效思路，有力提升了山东经济文化大省的形象与地位。同时，山东省紧紧抓住“十艺节”这一难得机遇，不断推动文化事业和文化产业加速发展。一方面，通过举办“十艺节”，充分挖掘、宣传、利用、展示了山东省源远流长的历史文化资源、地理环境资源和经济物质资源，强化了本地人民对城市的认同感。通过“十艺节”的众多平台向全国乃至全世界全方位、多角度地宣传山东，加深了其他省市对山东的了解，也加深了世界对山东、对中国的认识。另一方面，随着“后十艺节时代”的到来，推动节后资源整合成为一大现实课题。山东省为避免现有场馆在节会举办后闲置等问题进行了创新性的探索，如省会文化艺术中心大剧院依托中演公司积极开展丰富多彩的文化演出活动，以及多措并举加强对演出市场的培育等。

7.2.3 中国艺术节的优化发展

1.纵向传承与延续

历届中国艺术节的举办共同见证了全国的变革与多方位的建设，体现了中国各个阶段的文化发展的多样性，成功展示了中国文化领域取得的成果。纵观历届中国艺术节的历程，不难发现，它的成功运作离不开对优秀文化的吸收与创新。中国艺术节延续了之前办展的成功经验，顺接了艺术节的发展模式与运行路径，根据现实需求，打破固有思维，实现创新。“十艺节”在延续历届中国艺术节办节宗旨、办节模式、运作机制的基础上，根据时代需求大胆变革创新，最终形成了自身特色。

第一，统一内容，彰显主题。在中国艺术节的发展过程中，“艺术的盛会，人民的节日”这一主题和定位一直贯彻始终，延续恒定的主题定位有利于增强文化群体的认可度。同时，每届艺术节以时代真实的需要和声音为基点，基于具有地域及区域特色的文化资源设计办节方案，完善运作方式，由于每届举办主体与其所处时代背景不同，所要表达的意识与文化内涵呈现的艺术形式便有所差异。

第二，科学规划，合理组织。中国艺术节作为大型综合性文艺活动，是一个庞大的系统工程，涉及文艺演出、展览展示、宣传、交通、财务、经贸、旅游等各项工作，参与主体也涉及知识分子、工人、农民等多个阶层，其活动内容涉及展示展演、基础设施的筹备等，需要一套比较完善的组织运行机制，历届中国艺术节的成功运行都得益于组织者的科学规划、精心设计、协调配合和合理组织。

第三，基于群众，服务群众。中国艺术节是人民的文化活动节日，其涉及的广场文艺表演、艺术展演、优秀剧目遴选与展演或专业文艺活动等内容均具有群众性。其精品剧目、优秀节目的创作以群众生活为素材，反映人民最直接的需求，同时艺术节的工作在立足人民群众的基础上，吸引他们参与到艺术节的组织与运行过程中，在基础运作上充分提高了群众的创造性。此外，历届中国艺术节将群众文化活动置于重要地位并作为盛会的重要内容之一，在举办专业文艺活动的同时，开展了大量的群众文化活动，积极组织专业演员进社区、进农村、进学校、进军营演出。

第四，挖掘艺术内涵，创作文化精品。优秀文化成果的评比与遴选是每届艺术节成功开展的保障，也是整个节庆活动得以开展、延续和变革的积极支撑点。历届艺术节通过构建严格的遴选机制，努力选出既能体现时代要求和艺术精神，又能表现出高超的观赏性，并将艺术思想、民族精髓、群众生活融为一体的艺术精品。严格的遴选制度与精益求精的态度催生出大量的艺术精品，这也是中国艺术节能够经久不衰的重要原因。

第五，兼顾社会效益与经济效益。历届中国艺术节最终的落脚点是实现社会效益与经济效益的双重目标。中国艺术节在充分呈现中华民族传统文化精髓的基础上，不断强调以艺术节为抓手，提高民族凝聚力，从而进一步提升群众的社会幸福感。另外，注重以艺术节为契机，带动文化市场的发展及其他各个领域的繁荣，促使旅游经贸领域得以长足发展，实现经济效益和社会效益“双丰收”。

第六，培育文化形象，提高综合实力。每届中国艺术节在各省份城市轮流开展的机制对成功培育各地区的整体形象具有重要意义。中国艺术节呈现的文化艺术精品内容能够充分展示出区域的历史文化、风土人情、环境资源，是多方位塑造和展示人民气质与精神的最佳路径，历届中国艺术节承办地区都能借助艺术节东风，成功展示该地区的人文精神与文化底蕴，达到强化积极形象、提升区域影响力的目的。

第七，加强服务功能，推动体制改革。中国艺术节从某种程度来讲就是展示文化体制改革与文化创新发展成果的一个综合性平台。历届中国艺术节经过实践检验的创新与激励机制等优秀办节经验，为当下与未来文化艺术领域的改革、文化艺术领域整体水平的不断提升提供了有益的借鉴。

自首届中国艺术节举办以来，举办模式一直处于不断演进的动态过程，基本遵循着“中央主办—中央与地方协作—政府主导与市场运营协同—政府主导与市场运作—省市联办”的演变过程。无论处于哪一个模式阶段，中国艺术节的组织形式在一定程度上都与中国政治、经济、文化体制的改革相适应，并反映出中国社会主导力量的结构优化趋势与组织理念的变迁取向。

第一阶段：奠基阶段。前两届中国艺术节主要是以政府为主体、地方为辅助的组织形式，第三至五届则是政府主办、地方参办的组织形式，前五届中国艺术节的积极探索给之后几届的成功运作奠定了基础。

第二阶段：初步转型阶段。第六、七届中国艺术节在沿袭政府主办模式的基础上尝试探索新的办节路径，将节会中政府所承担的职能让渡给市场，借用市场力量与运行机制组织艺术节，实现从政府主办模式到政府企业合办模式的过渡。

第三阶段：深化阶段。第八、九届中国艺术节相较于第六、七届，在模式选择上并没有改变，而是在原有基础上不断深化，通过政府与市场之间不断协调、合作的尝试，力求完善政府与市场之间的协调机制。

第四阶段：拓展阶段。“十艺节”虽然仍是政府主导与社会支持的合办模式，没有实现发展模式的突破与转换，但是在中国艺术节的功能发挥与主体塑造方面，政府与市场在节庆活动的具体运作方面出现了一定的进步，如某些领域的活动开展中，出现了“市场为主体、政府为辅助”的可喜现象，但是距全面实现“市场为主体、政府为辅助”还有较大的距离。同时，“十艺节”在扩展社会功能方面可谓迈出了巨大步伐，其经验和方法值得今后国家艺术节及其他大型文化艺术活动借鉴与参考。

2. 横向比较与借鉴

国际上的艺术节起源较早、内容较为丰富，其中比较著名的有爱丁堡艺术节①、美国林肯中心艺术节②、柏林艺术节③等。在此笔者以爱丁堡艺术节、林肯中心艺术节两个著名国际艺术节为例，对其组织机构、筹资机制进行对比分析，为中国艺术节的发展提供新的思路和方向。

(1)组织机构的对比

第一，联合主办型。爱丁堡艺术节由爱丁堡艺术节管理中心及爱丁堡市政府相关部门联合主办，它最大的特点就是在组织形式上有垂直和水平两种。爱丁堡艺术节执行委员会由艺术节总监、执行总监、主管、常任委员会及超过200位的临时工作人员(志愿者)组成，常任委员在艺术节总监领导下进行艺术节的策划组织、整体管理、资金筹措运作及节目筛选等各项工作。

第二，单一运作型。美国林肯艺术中心是美国最大的文化演出组织，总共包括12个演出部门和1个中心部门。12个常驻组织机构中，从电影协会到戏剧音乐舞蹈以及艺术学院应有尽有。这些组织保留它们各自的艺术特色，安排日常演出，林肯中心艺术节由林肯演出中心调度安排，所有演出计划均出自林肯演出中心。

(2)筹资机制的对比

第一，政府集资和企业筹资相结合。爱丁堡艺术节主要由政府集资和企业筹资两部分作为经费来源。其主要收入来源主要有三个：门票销售、赞助及捐赠、政府补贴。其中艺术节主要开支的75%被直接用于筹备艺术表演、聘请艺术家、食宿、租用表演场地及技术设施费用等，其他25%的预算花费在市场运作宣传、票务、资金流动和行政管理方面。

---

① 创立于1947年，是世界历史上最悠久、规模最大的艺术节，也是被公认的世界上最具活力和创新精神的艺术节之一。

② 举办地为美国纽约的美国林肯中心，是由民间经营的大型国际艺术节。

③ 创立于1951年，和后来成为世界三大影展之一的柏林电影节同时创立，其中歌剧和交响乐是重头戏。

第二，民间筹资主导的多元化机制。美国林肯中心艺术节的筹资机制是复杂、分散、多元和动态的，它融合了来源于各个相关部门的政府集资和来源于企业、协会、个人的民间筹资，同时还有演出门票来源。从最近的发展状况来看，国际上各种类型艺术节的资金来源开始由政府主要出资运作慢慢转向依靠门票来源、企业赞助、广告宣传以及艺术品展销等为主。在这种资金运作机制变化的刺激下，创新成了艺术节取胜的制高点，只有那些准备较为充分、展品水平高、文化人才队伍壮大、资金链十分完整的艺术节才能在众多的节庆活动中立于不败之地。

(3)相关经验总结

通过对国内外艺术节的办节理念与办节机制的对比与分析发现，国际和国内成熟的艺术节有许多值得我们学习和借鉴的经验，同时反映出中国艺术节有改进和创新的巨大空间。其相关经验总结如下：

第一，建立成熟的资金赞助机制，完善相应免税措施。就“十艺节”的资金来源而言，中央与地方财政投入占比较大，而企业赞助等社会资本的注入仍表现不足，究其原因在于缺乏成熟的资金赞助机制。在国外，企业赞助艺术节看重的是社会效应和企业的文化形象，如爱丁堡艺术节上每个节目后面都有一个较为有名的企业商标，企业与艺术节长期挂钩。我国艺术节企业赞助的特点主要表现为短期促销行为并带有明显的个人关系痕迹，这给艺术节的市场化运作带来较大困难。由于中国企业赞助文化事业免税的相关法规还不够完善，落实困难，导致企业赞助文化的积极性不高，未来政府应该积极制定相关的法律法规，通过税收优惠或者减免政策来鼓励企业和个人赞助文化事业。此外，政府还可以支持建立中国艺术节专项基金会，让全国及世界知名企业参与其中，进一步成为国家艺术节的经济后援。

第二，强化文化产品市场营销理念，探索扩展市场营销路径。通过整合对比数据笔者发现，“十艺节”的优惠票销售场面火爆，反映出民众蕴藏着巨大的文化需求，这表明公共文化服务本身也可以创造出巨大的市场需求。“十艺节”期间，演艺产品市场化虽然取得了不错的成绩，但是相对于国外成熟的演出市场，我们的演出市场仍存在产品交易渠道较窄、演艺产品所衍生的产业链较短、整个营销市场不够广阔等问题。因此，强化市场营销理念、积极探索市场化营销路径是中国艺术节等国家级艺术节日亟待解决的问题。

第三，推动民族艺术走出去，减少文化贸易逆差。每届中国艺术节都会邀请一批著名的港澳台地区及外国艺术团体，他们带来的表演往往会在观众中产生强烈反响，深受好评，有的甚至掩盖了国内艺术作品的光环。这并不是说我们的艺术作品不够精彩，而是由于市场的检验机制没有建立，我们的艺术家缺乏这种危机意识和忧患意识。因此，我们还要继续加大引进国外经典剧目的力度，让中外文化碰撞出更激烈的火花，并深入探讨市场化道路，力求将优秀传统文化和经典剧目推荐到国际大舞台，在让全世界看到中国传统艺术魅力的同时，加大文化精品项目的对外输出与交流，从而减少我国的文化贸易逆差。从根本上说，这既是宣传我国艺术成果的需要，也是展现我国文化实力的需要。

第四，突出艺术亮点，形成个性名片。“十艺节”虽然主要表现齐鲁文化，但是艺术节本身是综合性的，面面俱到不利于突出亮点、形成品牌特色。笔者认为，每一届中国艺术节应该将艺术与城市文化充分融合，通过艺术节的展示形成城市特色名片，并将这一理念贯穿于整个艺术节的宣传、开幕式、闭幕式等各个环节；另外，可以突出某一个艺术主题，在此类艺术形式的作品演出上集中宣传、展示，打造几张具有时代感、标杆性的文化名片。

7.2.4　问题与对策

1. 中国艺术节的主要问题

第一，资金来源有限，市场运作能力仍有待加强。研究发现，“十艺节”在市场化运作方面做了很多的努力，取得了一定的成果。如筹资渠道多样，既包括省、市财政拨款以及国家专项经费，也包括企业赞助及广告经营收入、社会捐赠、特许商品授权及经营收入和文化产品展销拍卖收入等，市场拓展能力比较突出。截至“十艺节”闭幕，签约合同金额折合人民币 3.16 亿元，签约企业涵盖基础能源、邮政通信、交通运输、银行、保险等多个领域。但总体来说，“十艺节”的资金来源仍以财政补贴为主，社会赞助等其他渠道的收入比较有限，因此市场运作能力还需进一步强化。

第二，宣传工作仍有欠缺，品牌影响辐射范围有限。由于我国艺术类的节庆活动一直采取轮流运作的模式，较大的区域流动性使它一直以来难以形成稳定增长的竞争力。与世界上著名的艺术类节庆活动爱丁堡艺术节和林肯中心艺术节相比较，我国艺术类节庆活动的竞争力较弱。“十艺节”的宣传渠道主要以电视、报纸、网站、手机及户外宣传为主，在传播手段和传播模式上均超过历届。“十艺节”在山东省内的宣传工作做得相对突出，其公众知晓率达到 62.5%，其中济南主会场的知晓率高达 85.8%，但是省外公众对“十艺节”的知晓度相对有限，总体知晓度仅为 14.7%。通过研究发现，省外公众对“十艺节”的了解受制于对各个城市的固有印象，没有因为“十艺节”的自身宣传得到根本性的改变，原因是对一些宣传渠道的利用相对不足，特别是对于省外公众更容易获取相关信息的网络渠道和移动终端等新媒体没有充分利用。

第三，经济效益没能充分发挥，社会效益也有待提升。国际上著名的艺术节在成功的经验上有个共同点就是：既能充分发挥经济效益，又能使社会效益得到有效的提升。但是，笔者在对历届中国艺术节的研究中发现：与之前的艺术节大体一致，“十艺节”并没有从根本上改变经济拉动能力不足这一现状，公众的文化消费潜力并没有随着公众参与文化活动的热情得到充分挖掘。通过一些学者和专家的调研数据，笔者发现省内公众在“十艺节”期间文化消费在 300 元以上的仅占 2.5%，而消费在 50 元以下的达 61%。同时，“十艺节”对其他产业的带动效用也十分有限，以旅游产业为例，在知晓“十艺节”的省外公众中，表达出想到“十艺节”举办地旅游的公众仅为 8%①。

2.解决中国艺术节主要问题的对策

第一，完善组织架构，打造中国艺术节的运作主体。由于中国艺术节每三年一届且由各省轮流举办，难以形成长时效且稳定增长的影响力。但举办中国艺术节对于各级地方政府的专业化组织能力有着极大的考验，所以现阶段固定举办地点的可能性极小且不利于各省市的文化发展。因此，笔者建议进一步扩展中国艺术节基金会的业务范围，将其打造成为在国家级文化部门领导下的专业化运作机构或咨询机构，并保证其构成人员的专业性和稳定性，以弥补新一届地方主办政府在艺术节筹划和运作中经验不足的问题。同时，还要努力创新艺术节的办节规模，由政府主办向政府与社会合办转变，不断提升办节效率，使中国艺术节能够与国际接轨。建议在中国艺术节基金会下设立“中国艺术节研究中心”，旨在加

---

① “十艺节”，济南文化消费的拐点？[EB/OL].[2013-10-25]. http://www.musiceol.com/news/html/2013-10/20131025106307008l154.html.

强对中国艺术节的理论研究，使其承担起对中国艺术节的研究、策划和宣传等具体任务。

第二，充分利用网络传媒，加大宣传力度和推广力度。基于中国艺术节举办时间较短、筹办周期较长等问题，筹办方需要在短时间内运用一切可用资源、渠道、手段来加强宣传攻势，强化宣传力度。笔者认为，“十艺节”在省外的宣传效果相对有限，不仅制约了中国艺术节的长效发展，也不利于山东省的形象推广。从相关数据来看，“十艺节”在网络宣传，特别是新兴网络媒体的推广方面相对不足。笔者建议，今后中国艺术节的筹办方必须重视互联网和移动终端等新兴传播渠道，提高其在国内及国际上的品牌知名度和影响力，充分利用微博、手机客户端在宣传上的便捷性、灵活性以及易传播性等特点，让民众能够更方便、更快捷地获得中国艺术节的宣传信息，进而了解并参与中国艺术节的活动项目，改善中国艺术节在宣传方面的不足。

第三，立足于艺术节的大众化宗旨，并充分挖掘艺术节的经济效用。我国艺术节公益性质明显，是当前国家文化建设和综合建设的主要组成部分。作为社会主义文艺领域的一部分，其源头活水在于人民群众，只有全心全意为人民群众服务，充分调动群众的积极性和创造力，才能增加艺术节的活力，真正实现艺术节的价值。首先，要大力推动文化创新，不断提升文化管理服务水平，并积极利用“十艺节”效应，切实做好场馆的综合利用。“十艺节”期间投资建设的很多大型场馆投资大、功能全、现代化水平高，应着重做好场馆的维护和科学运营管理，根据群众需求开发设计或引进群众喜闻乐见、水平较高的文艺演出和文化活动，提高场馆的利用率和社会效益，避免产生新的资源闲置和浪费。其次，中国艺术节还应该充分挖掘艺术节的经济效用，开发并积极宣传“十艺节”相关衍生品，起到引领文化消费的作用。

第四，加强文化领域重点课题、优秀品牌化的文化作品的质量提升。首先，应该增加政府对文化事业的投入力度，政府应该设立专项资金支持文化事业的学术研究的开展；其次，文化相关部门应该注重理论与实践相结合，积极培育与发挥文化作品的商业价值，促进文化成果较快地转化成生产力；再次，政府应该注重文化部门与科技部门的互动共赢，通过优秀文化作品进科研、科研成果在文化作品中体现来推动舞台艺术的良性共赢，实施“4＋1”工程①。努力创作出集中体现时代气质面貌、彰显地域文化元素、质量水平高、艺术魅力强的艺术精品。最后，政府应该积极打造出一批诸如“文化信息资源共享工程”②“十艺节”“山东文博会”等为代表的具有国际影响力的品牌化文化产品。

7.3 山东省地方节庆活动

会展业的成长期，我省各个地市的会展节庆项目可谓百花齐放、群芳争艳。这其中最有名的当属青岛国际啤酒节、潍坊国际风筝节、泰山国际登山节以及最隆重的曲阜孔子文化节这四大节庆活动。对比分析，我们可以发现在举办每个节庆活动的同时总是伴随着经贸文化的交流活动，这也是笔者研究的目的所在。

7.3.1 青岛国际啤酒节

1. 起源

1991 年 6 月 23 日，山东省青岛市首次举办第一届国际啤酒节，本届啤酒节持续进行了一周，于 1991 年 6 月 30 日成功闭幕。青岛国际啤酒节是由国家相关部门和青岛市政府联合主办，在国内外都享有盛名。作为亚洲的主题盛会，青岛国际啤酒节成功地展现出青岛的独特优势与魅力。

2. 概况

笔者对 1991～2000 年历届青岛啤酒节的概况进行了梳理总结，见表 7-3。

① “4＋1”工程，即山东省舞台艺术精品工程、山东省地方戏振兴与京剧扶持工程、山东省优秀保留剧目工程、山东省舞台艺术英才培育工程，以及支持鼓励我省优秀剧目、优秀人才参加国内外重大艺术比赛和评奖活动的激励政策。

② 针对当前山东省文化事业的实际情况和科技发展的水平，整合省内包括图书馆、博物馆、美术馆、艺术院团、研究机构等现有的文化信息资源，形成互联网上的文化信息资源的整体优势。

表 7-3　　1991～2000 年青岛啤酒节概况汇总表①

届次	举办时间	吉祥物	参展人数/参展品牌/参展商	成果/影响
第一届	1991.6.23～6.30	翡翡	30 万市民、10 万多游客、全球 40 多家啤酒商参展	为青岛啤酒打开了更广阔的国内外市场，啤酒节也成为世界了解青岛的窗口
第二届	1992.9.20～10.3	帅帅	参展人数达近百万人次	名优新特产品展销订货会成交额达 2.8 亿元。经济技术协作洽谈会吸引了 2000 多项科技新成果与会，签订合同 112 项，成交额 5000 万元
第三届	1993.8.15～8.22	青青	10 多个国家和地区的近 30 个啤酒和啤酒设备生产厂商参展	举办了多种类型的研讨会、交流会，并成立了青岛市啤酒工业协会
第四届	1994.8.14～8.24	旺旺	中外游客和市民达 50 余万人。国内外 16 个啤酒厂家参展	组委会办公室与德国巴伐利亚州政府签署了《关于支持和加强啤酒文化合作与经济交流的意向书》，东西方两个最大的啤酒节从此揭开了携手合作的序幕
第五届	1995.8.12～8.27	欣欣	近 60 万市民的游客参展	推出 95 山东(青岛)旅游交易会和 95 青岛国际玩具礼品展等经贸活动
第六届	1996.8.10～8.25	奇奇	开幕式入城游客达 12 万人，累计游客 93 万人。29 个国内外啤酒厂家和代理商参加，76 个品牌的啤酒参展	节日期间共组织各项文化活动 52 项、文艺演出 111 场。本届啤酒节水平之高、规模之大、种类之多、参节人数之众是啤酒节历史上空前的
第七届	1997.7.8～7.23	比尔牛	42 个啤酒厂商的 77 个品牌、115 个种类的啤酒参展。游客达 112 万人次	与 97 中国青岛对外经济贸易洽谈会、青岛市首届啤酒饮料博览会同期举行，“节会合一”的形式有力加强了啤酒节的影响力，并同时推出休闲、娱乐为主题的黄金旅游线路

① 表中数据来源于青岛国际啤酒节官方统计数据。

续表

届次	举办时间	吉祥物	参展人数/参展品牌/参展商	成果/影响
第八届	1998.7.8～7.23	皮皮虎	市民和海外游客 246 万人次	举办 14 场高水平的文艺演出、啤酒技术与设备学术研讨会、第二届啤酒饮料博览会
第九届	1999.8.28～9.19	蹦蹦	169 万人次参节，其中境外游客 6 万人次，国内游客 163 万人次。160 多个厂商、200 多个啤酒品牌参展	举办了 99 全国产学研联合洽谈暨展示会、99 中国青岛国际啤酒饮料博览会、中国(青岛)国际武术锦标赛、99 青岛企业技术改革项目推介洽谈及青岛—韩国投资会等系列活动
第十届	2000.8.26～9.10	腾腾	有 40 多个驰名啤酒厂商、180 多个中外啤酒品牌参展	组织了 16 场高水平的文艺演出、22 项丰富多彩的文体活动。第一次旗帜鲜明地把老百姓作为节日的主角，第一次实现网上播放，使青岛千年啤酒盛会走向世界、走向国际

从表 7-3 可以看出，青岛啤酒节经历了一个规模由小到大、影响力越来越大的过程。在这一过程中，啤酒节由最初的市政府办展到省级单位主办，现在提升到国家级，成为国际大型会展。从这一发展历程，我们可以总结出该展会的六大基本特征：

第一，出席青岛国际啤酒节的领导级别越来越高，这体现出了国家越来越重视举办国际展会的倾向。前五届啤酒节都是由青岛市政府主要参与办展，从第七届开始，啤酒节已经得到国家相关部门的高度重视，开始由国家 6 个相关部门与青岛市政府联合办展，青岛国际啤酒节俨然成为国家级的大型节庆活动。

第二，青岛国际啤酒节吸引的参展商数量和参展国家越来越多，这其中不乏世界顶级啤酒商，包括丹麦的嘉士伯、美国的百威、荷兰的喜力等。

第三，前来参与青岛国际啤酒节的国内外游客越来越多。前几届青岛国际啤酒节的参展游客基本上都是青岛当地或周边的人民群众。发展到后来，国际啤酒节越来越多地吸引了国内外众多感兴趣的游客，共同造就了青岛国际啤酒节的辉煌。青岛国际啤酒节也因此发展成为世界上以啤酒为主题的第二大节庆活动。

第四，青岛国际啤酒节的会场规模越来越大，由开始的单一会场发展到一个主会场、四个分会场等，办展地点的选取和办展规模的不断提升也显示出青岛啤酒节的影响力与商业价值。①

第五，青岛国际啤酒节的成功举办也深深地促进了诸如山东旅游交易会、对外经贸洽谈会、武术锦标赛等青岛市著名展会的积极推进，推动了青岛会展市场的繁荣昌盛。同时，也使得青岛成为具有较强国际竞争力和影响力的旅游城市。

第六，青岛国际啤酒节的文化内涵不断丰富，越来越多的文化元素被注入青岛国际啤酒节当中，大型歌舞表演、花车巡游、文艺汇演等文化演出活动开始扩大青岛啤酒节的文化影响力，文化元素的注入吸引更多的人参与到啤酒节中。

3.效益与影响力

首先，青岛国际啤酒节的成功举办提升了青岛市的整体效益。一年一度的青岛国际啤酒节在山东省青岛市崂山区的啤酒城举办。为了能够完美展现每一场啤酒节的独特风采，崂山区政府会出资聘请专业化、高素质的高水平人才和团队来对啤酒城进行创新性的设计与建构，努力打造出具有国际竞争力的青岛国际啤酒节。除此之外，崂山区每年都要对道路进行硬化、绿化及美化并增加城市各种服务设施来维护啤酒城的城市面貌，并对周边环境进行进一步的整治。第七届青岛国际啤酒节与中国青岛对外经济贸易洽谈会共同进行，两者实现了共赢。青岛国际啤酒节正在努力打造一个具有综合带动作用的社会活动，在整体的档次、规模上都发生了较大的飞跃，如今的啤酒节俨然成为彰显城市魅力的盛大节日。

其次，啤酒节的举办对青岛当地旅游业发展具有推动作用。啤酒节丰富了青岛的旅游产品种类，啤酒节作为一个大型国际性节庆活动，其本身就是一个特色旅游项目，为前来青岛的游客提供了新的旅游兴趣点，啤酒节成为这座以啤酒闻名的海滨城市的新名片。在啤酒节的举办前期进行了声势浩大的宣传工作，极大地提升了青岛的城市知名度。啤酒节提高了青岛乃至整个山东省的旅游和国际知名度，慕名而来的啤酒爱好者到青岛享受啤酒节带来的欢乐的同时，又对青岛做出了积极的评价，游客

---

① 周锡冰.百年青岛啤酒的品牌攻略[M].北京：中国物资出版社，2011：138.

成为青岛城市美誉度的“创造者”①，因为他们的评价自然而然地转化成了城市美誉度。每年的8月，借助青岛国际啤酒节这一平台向世界各地的来宾展示出一个历史悠久、充满魅力的大都市。同时，由于青岛国际啤酒节的成功举办促使越来越多的人关注酒文化，酒文化也在社会生活的各个领域带来了全面而深刻的影响。②

7.3.2 潍坊国际风筝节

1. 起源

潍坊的风筝文化由来已久。早在2000多年前的中国古代，在潍坊这片土地上就曾有“斫木为鹞，三年而成”的说法。潍坊创造出了全世界最早的风筝雏形。在潍坊，放风筝是一项喜闻乐见的群众性活动。尤其是清明节前后，潍坊的大街小巷都充盈着放风筝的人群。

早在1983年，潍坊的一批擅长风筝手艺的群众远赴上海参加放风筝大赛，得到了在场观众的一致好评，当时这群老艺人就建议潍坊市相关部门举办一个专门用来放风筝的节庆活动。潍坊市政府积极回应这一提议，正式决定成立这样一个节日。第二年，潍坊国际风筝节的雏形——“潍坊国际风筝会”（见图7-5）如期在潍坊举办。潍坊也成为世界性风筝节日的起源地。

中国·潍坊

图7-5 中国潍坊风筝节标志

---

① 宗刚，赵晓东. 啤酒节对主办城市的影响效益分析——慕尼黑啤酒节与青岛啤酒节的比较[J]. 旅游学刊，2013，28(5)：72-79.

② 刁昳. 中国啤酒行业观察：行业竞争态势与企业动态竞争[M]. 北京：知识产权出版社，2010：67.

2. 概况

潍坊风筝节最初被称作“潍坊风筝会”。最初两届就吸引了全球 10 多个国家的团体以及个人前来参观，世界也因此认识了潍坊这座以“风筝”为符号的城市。发展到 1986 年，举办者提出了将潍坊风筝会发展成为融合风筝与政治、经济、文化等为一体的大型综合性节庆活动，潍坊风筝会的主题①开始形成。潍坊风筝会开始演变成一个大型的平台，用于全世界各个国家、各个团体机构之间的经贸合作、合同洽谈和协商交流。在潍坊风筝会的举办期间，大量的交易合同签订，贸易成交量加速增长。潍坊和风筝成为促进国民经济腾飞的助力器。1988 年，第五届潍坊风筝会如期开展。在本届展会上，国家相关部门正式将潍坊定名为“世界风筝之都”。1989 年，在第六届潍坊风筝会上，“国际风筝联合会”正式成立。从此以后，潍坊因为“风筝”这一独具特色的符号开始被世界上不同国家的人民所认识和熟悉。近年来，依托潍坊国际风筝节的积极运作，潍坊市开始与来自世界上不同国家和地区的团体和个人建立起稳定的文化、经贸等合作交流关系。其中，有 60 多个国家和地区开始与潍坊市建立起了长期的文化合作伙伴关系，有 100 多个国家和地区开始与潍坊市建立起长期的经贸合作关系。潍坊国际风筝节的成功举办也带动了诸如鲁台（潍坊）经贸洽谈会、寿光蔬菜博览会等一系列知名展会的开展。

3. 潍坊国际风筝节的办展特征

潍坊国际风筝节从开始的政府主办一直发展到了目前的“政府为主体、市场为导向”的全民参与的商业模式。潍坊国际风筝节为全世界的展商、参观者提供了一个进行文化交流和经贸合作的平台。通过将活动主体最大限度地呈现给参展观众，潍坊风筝节发挥出最大的展会积极效应。

从第一届到第十五届，潍坊国际风筝节的举办主体完全由政府独占，虽然这种办展模式能够充分发挥政府的导向作用，但是展会的市场效应和社会效应却受到了很大的抑制。到了 20 世纪 90 年代末，国际风筝会的开展甚至成为政府和企业为之“头痛”的一件事，当时出现了缺少继续举办资金而停止又难以割舍的矛盾。到 1998 年的第十六届潍坊国际风筝节，潍坊市相关部门开始创新形式，采取了以市场为主导的组织模式，使这一届潍坊风筝节的综合效益倍增。到 1999 年的国际风筝节，举办形式

① 潍坊风筝会的主题为“风筝牵线、文体搭台、经贸唱戏”。

变成由潍坊市政府和北京专业化的公司联合策划招商，同时还举办了相关的经贸活动，风筝节的门票也告别了摊派。市场化的运作方式使国内外诸多企业踊跃赞助，很大程度上降低了政府的资金压力，解决了资金这一大难题。从第十七届国际风筝节开始，当地政府就不再设置专款举办展会，而正式采取了“以会养会、以会强会”的方式，使风筝会步入了良性发展的轨道。①

4.潍坊国际风筝节的影响

国际风筝节的成功开展带动了潍坊当地及周围地区展会的繁荣。作为山东省经贸类展会的杰出代表之一，鲁台(潍坊)经贸洽谈会的成功开展有利于山东与台湾的经济往来和贸易交流。鲁台经贸洽谈会实行各种方式的招商活动，如委托招商、园区招商、网上招商等，能够促使招商载体的不断完善，辐射相关行业的作用明显加强。另外，国际风筝节的成功开展也带动了寿光蔬菜博览会的运作。作为中国的蔬菜之乡，寿光在蔬菜种植和销售领域的龙头地位也得到了进一步加强和巩固。②

国际风筝节的成功开展同时带动了会展业与旅游业、住宿餐饮业、体育业、文化产业等相关联产业的融合发展。国际风筝节的举办带来了巨大的经济效益，会展活动开展期间，大量商业合同的签订促进了我国经济发展水平的提升。同时，国际风筝节的举办还带来了丰厚的社会效益，提升了潍坊市在全国乃至国际上的竞争力和影响力。

7.3.3 泰山国际登山节

1.起源

从1987年开始，泰山国际登山节于每年的9月份如期在泰安举行。来自全国各地以及海外国家和地区的游客嘉宾、专业登山人员、登山爱好者们齐聚一堂，参加各种形式的登山比赛，如自行车登山、徒步登山等比赛项目。9月的泰安市秋高气爽、风景秀丽，同时泰安距离山东省省会济南市只有不到1小时的车程，并且泰安地处京广线上，交通便利，使得登山节成为国内具有较高影响力的大型节庆活动。

---

① 刘晓军.鸳飞蝶舞龙腾跃——历史悠久的潍坊风筝文化[J].科技信息，2009(34):136-137.

② 张基振.民间体育文化资源开发与地方社会经济发展——潍坊国际风筝会经济效益分析[J].山东体育学院学报，2009,25(2):13-15.

悠久的泰山自古就是历代帝王封禅告祭的名山，它有着“五岳之首”① 的殊荣，是华夏文明的象征。作为世界文化与自然双重遗产的泰山自古以来就被各个朝代的帝王、文人等所仰止。他们怀着无比崇拜的心情，亲临泰山并且留下自己的感想。历朝帝王也不断在泰山上建造楼宇、刻字题词，以此表达对泰山的仰慕与崇敬之情。

2. 发展历程

泰山国际登山节的发展历程大致分为以下三个阶段：1987～1991 年是第一阶段，这一阶段的泰山国际登山节始终以登山体育活动为主，只有少数相关联的经济交流活动；1992～1998 年是第二阶段，这一阶段的国际登山节着重举办一些经济贸易活动；从 1999 年至今为第三阶段，这一阶段充分利用登山节的载体作用，通过发展泰安市旅游行业，以达到扩大对外宣传和吸引外资的目的。

目前在泰山国际登山节的开展的同时，还有“泰山石文化展”“泰安摄影艺术展”等泰山优秀历史文化会展以及“紫气东来”等仿宋代帝王封禅表演等各种文化艺术活动。作为泰安市响应国家改革开放政策的相关举措，泰山国际登山节的成功举办不但给泰安市带来巨大的经济效益，而且也带动了旅游、住宿餐饮、交通运输等相关联产业的融合发展，同时产生了一定的社会效益。

3. 节会构成

以泰山国际登山节为主体节会，泰安市政府还推出了一系列大型的经济贸易活动，其中最主要的就是科技人才交谈会。在科技人才交谈会举行期间，来自全世界科技和文化领域的各行各业的精英人才云集到泰安，通过参加观光游玩、体育活动、文化交流、经贸商谈等一系列的活动，来进行科技、文化、经济等方面的交流合作。泰山国际登山节因此开辟出旅游盛会、经贸长廊、竞技摇篮、绚丽舞台等系列活动，构建了旅游、经贸、体育和文化四大主题板块。

4. 影响分析

泰山国际登山节主要以登山系列活动为主，极大地推动了泰安市体育活动的开展和体育文化的建设。在泰山国际登山节期间，参赛运动员

① “五岳”分别是指东岳泰山、南岳衡山、西岳华山、北岳恒山、中岳嵩山，而泰山则被冠以“五岳之首”。

由最初的41个队、275人发展到现在的由百余队组成、近3000人参加的赛事；参赛国家也由最初的不到10个国家发展到现在的二三十个国家。泰山国际登山节也带动了一系列重要的体育运动的开展，如泰山国际热气球邀请赛、泰山国际攀岩比赛、全国武术散打擂台赛等。

泰山国际登山节的成功举办也极大地提升了泰安市作为旅游城市的品牌效应。作为一项国际盛会，泰山国际登山节在国内外都具有较高的知名度，它的成功举办进一步带动了泰安市旅游业的发展，旅游业的繁荣发展给泰安市带来了巨大的经济效益。截至2015年，泰山国际登山节共吸引了全球8500多万游客，并由此产生了370多亿元的经济收益。①

泰山国际登山节明显地拉动了泰安市经济的快速发展。依托登山节的开展，各种类型的经贸活动收到了明显的效果，对泰安市的经济建设贡献了巨大的力量。② 在1987年首次开始的泰山国际登山节中，经贸类活动就已经发挥出巨大的经济效益，带动了1.5亿元的成交量。从此以后，经贸活动在登山节的举办期间所起的作用越来越显著。2005年，在第十九届泰山国际登山节期间，开展了名为“韩国周”的系列活动，也是泰安市历年来举办的规模最大的一次中韩经济贸易及文体交流盛会，这次盛会极大地提高了泰安市的国际知名度，树立了良好的城市形象。2006年，第二十届泰山国际登山节也产生了较为可观的经济效益。

7.3.4 曲阜孔子文化节

1. 起源

曲阜孔子文化节最早被称为“孔子诞辰故里游”系列专项活动。它最早起源于1984年，并一直延续至今。孔子的生辰为公历9月28日，每年曲阜都会开展仿古祭孔乐舞的演出等活动，对当地的对外开放和文化事业的发展都起到了推动作用。1989年，“孔子诞辰故里游”系列专项活动开始正式更名为“曲阜国际孔子文化节”。2006年，这一称谓又稍作改动，被更改为“曲阜孔子文化节”，这个称谓一直延续至今。

---

① 百度百科. 泰山国际登山节[EB/OL]. [2015-06-20]. https://baike.baidu.com/item/%E6%B3%B0%E5%B1%B1%E5%9B%BD%E9%99%85%E7%99%BB%E5%B1%B1%E8%8A%82/8551512.

② 张博. 泰山国际登山节对泰安城市竞争力的影响研究[J]. 体育世界：学术版，2014(2):1-3.

2. 主要特征

曲阜孔子文化节的办节初衷是为纪念孔子诞辰而组织的文化系列活动。随着每年曲阜孔子文化节的成功举办,它也同时带动了曲阜市的文化交流、经贸合作和旅游等繁荣发展。它不但促进了东西方文化的交流,同时也推动了曲阜、济宁、山东省乃至全国的文化旅游事业的发展,担负着以节庆促经贸的重要使命。①

该文化节的特点可大致概括为以下四点:第一,该文化节的综合性、涵盖性较广。在节庆活动期间,文化艺术交流、经贸合作洽谈、旅游规划等各种类型的活动一起融合互动。第二,该文化节文化底蕴深厚,蕴含着浓厚的文化艺术气氛,与孔子相关的各种政治类、文化类、教育类活动都在此期间开展。第三,孔子文化节整体规模宏大,国际参与度高。第四,文化节形式多种多样,社会大众参与热情高。②

3. 影响分析

曲阜孔子文化节因其具有鲜明的儒家文化特色和独特的东方魅力而享誉海内外。据不完全统计,1989～2005 年这 16 年间,曲阜孔子文化节共接待了来自国内外 260 多万游客,其中来自国外的游客占到 2%。③

孔子文化节期间不仅举办大量的文化交流活动,而且往往是“节庆搭台,经贸唱戏”。孔子文化节带动了一系列经贸类展会的同步开展,诸如孔子文化节人才交流活动、世界儒商联谊等经贸活动等,这些活动极大地促进了地区的经济发展,曲阜现在位居全国最具投资潜力中小城市百强前十名。

作为孔子的故里,曲阜市利用好文化节这一契机,积极打造出“孔子”这一具国际竞争力和影响力的地域化、特色化文化符号。曲阜市政府也依靠打造曲阜孔子文化节品牌来提升整个城市的知名度。孔子文化节成为海内外宾朋了解济宁、山东乃至中国的一大平台,以节庆促展会的模式使得城市的经贸活动活跃起来,迸发出新的生命力,城市品牌也得以深入人心,城市发展获得了重大机遇。

---

① 李民,袁龙飞. 彰显儒家文化,绽开节庆之花——中国曲阜国际孔子文化节回望[J]. 青年记者,2006 (5):29.

② 王京传,刘以慧. 曲阜国际孔子文化节发展的经验[J]. 旅游学刊,2009 (3):10-12.

③ 贾淑红,孔祥龙. 千年礼乐,万古儒学——2004 年曲阜国际孔子文化节纪实[J]. 统一论坛,2004 (6):60-61.

第 8 章　未来展望：加强优势 突破瓶颈

自 1990 年以来，山东会展业的知名度和影响力得到持续扩大和提升，主要表现在：一是全省办展数量、承载能力得到较大提高。2013 年，山东省办展 504 场，位居全国第六，第十一届全运会、第四届世界太阳城大会、第十届中国艺术节相继落地在齐鲁大地。二是山东省会展业的综合化、专业化、品牌化得到了较大的提升，如泰山国际登山节、曲阜孔子文化节、烟台国际果蔬食品博览会、青岛中国国际电子家电博览会等都达到了较高的办展水平。三是形成了一批具有竞争力的会展城市，如青岛市在 2006～2010 年，会展业年均增长速度达到 18.5%，曾先后荣获"中国会展业年度大奖""中国十大影响力会展城市"等荣誉称号。

但是，总体来看，作为全国知名的经济大省和经济强省，山东省的展览项目发展还是有些滞后。仅 2011 年一年，山东省由会展活动的开展带来的直接效益超过了 42 亿元，拉动效力超过了 1∶9，带动相关联产业的直接效益超过了 380 亿元。相比来说，浙江的会展产业的经济效益要远远超出一大截。2011 年，浙江省由会展活动的开展带来的直接效益接近 300 亿元，拉动效力接近 1∶9，带动相关联产业的直接效益超过了 2600 亿元。[①] 相比浙江省而言，山东省的会展产业还处在较低水平，山东省会展行业还有很长的路要走。另外，仅上海这一个城市由会展活动所带来的直接效益就占到了全国的一半左右。江苏省仅南京市由会展活动的开展带动相关联产业的直接效益就高达 300 亿元。作为环渤海经济圈的中心，北京市的会展产业的国际化水平和文化消费能力在全国数一数二，办展

---

① 牛迪. 会展经济对城市发展的拉动效应研究[J]. 中国管理信息化，2013（15）：40-42.

规模和办展数量在全国遥遥领先，是各大会展企业办展的首选之地。2011年，北京会展业所创造的直接收入高达170亿元。同样作为环渤海经济圈的一部分，山东省的会展活动的生存空间却受到了较大的挤压，山东省的会展产业自身也存在着亟待解决的短板。

8.1 强化山东会展业发展优势

8.1.1 高效利用区位交通优势

山东省的区位交通优势较为明显，如何才能高效利用这一巨大优势是山东省会展业未来发展的一大要点。山东省位于我国的华东地区，北邻京津唐工业区，南邻会展大省江苏，东部与会展发达国家日本、韩国隔海相望，具有得天独厚的地理位置。山东省的经济发展速度较快，在全国的经济大格局中占有重要的地位。

山东省交通四通八达，交通里程数已经多年稳居全国第一，正努力实现全省县市区交通线路全覆盖；山东具备完备的铁路运输网络，两大铁路干线——京沪铁路和京九铁路均纵向经过山东省，横跨东西方向的有胶济铁路和兖石铁路两大线路；在航空运输方面，目前已经建成了济南、青岛、烟台三大国际机场，开通了700条左右的国际国内航班；山东全省沿海港口共计26个，港口密度居全国之首。山东半岛城市群正着力构建"1小时经济圈"，这一经济圈是由高速公路直接连接。未来，全省充分依托"一带一路"、中韩自贸区建设等的实施，区位交通优势将进一步凸显。

8.1.2 合理开发历史文化资源

山东省拥有"一山一水一圣人"的优质的特色文化资源，为全省开展会展活动创造了得天独厚的优势。山东省拥有丰富的历史文化资源，齐鲁文化历史悠久、创新资源非常丰富。省内有10座国家级历史文化名城，173项国家级非物质文化遗产名录项目，同时也是拥有全国最多的"中国民间艺术之乡"的省份。同时，山东省的各个城市具有地域特色明显的文化符号，如济南以"泉城"著称，青岛以"电子""海洋"和"动漫"闻名，淄博以“陶瓷”为主要代表等。这些具地域特色的文化符号都成为山东省会展产业的重要组成部分。未来山东省将依托丰富的历史文化资源，深度挖掘山·水·圣、红色经典、影视动漫、民俗·美食等特色文化，着力推动会展服务创新、管理创新、市场创新和商业模式创新。

8.1.3 大力巩固会展设施基础

会展业相关部门的权威统计资料显示：2004 年，山东省的会展场馆共有 29 个，其中有 5 个规模较大的展馆，分别位于济南、青岛、烟台和潍坊等会展发达城市。[①] 作为山东省会展产业的龙头展馆，济南市国际会展中心一期工程就拥有 11 万平方米的展馆总面积，其中有 77.27%分布在室内。青岛也是山东省会展业较为发达的城市，青岛市国际会展中心二期工程展馆面积就已经超过 5 万平方米。烟台、潍坊则紧随其后。[②] 未来山东会展行业可重点依托博物馆、文化馆、体育馆、宾馆、会议中心等基础设施，提供优质、高效的全方位服务。

8.1.4 持续提升会展产业品牌

山东省以丰富的资源优势、密切的历史文化底蕴、优越的地理位置、完善的基础配套设施等条件，形成了一部分国内知名的会展品牌，在国内和国际都有一定的知名度。为了借鉴美国的会展发展成功经验，山东省与“世界会展之都”——美国的拉斯维加斯在电子类别的会展行业结成了密切的合作关系，成功运作了诸如中国(青岛)国际消费电子博览会等一系列成功的会展项目。山东省积极推进会展业的国际化进程，山东省的特色会展也在国际市场上拥有了一定的知名度和影响力，诸如曲阜孔子文化节、寿光蔬菜博览会等。未来山东省将围绕会展产业集聚区积极引进一批策展机构等品牌化服务机构，引进一批国外品牌展会、论坛，形成山东省内会展业梯次发展品牌体系。

---

① 程冬民.发挥省会资源优势加速济南会展经济的发展[C]//中国服务业创新与发展学术研讨会，2008 年.

② 烟台国际会展馆的 17 个展厅可搭建 1000 多个国际标准展位；潍坊富华国际展览中心室内展览面积为 2.7 万平方米，室外展览面积近 1.2 万平方米。

8.2 突破山东会展业问题瓶颈

8.2.1 山东会展业发展问题探究

1. 市场化水平较低

目前来看，山东省会展业的发展状况不容乐观，这主要是因为山东省的会展类型大部分都以政府垄断型为主。在会展活动的设计、开发、运营、监管等各个环节，政府都会施加干预和影响：政府出台了一系列的文件、规定和方案来规范会展开展的各个领域；政府参与会展活动的筹备和开展等各个环节，力图在每一个步骤上都施加政府影响；政府为了获得会展的主动权，经常替代企业完成会展活动的运作；会展的举办给当地带来的政治效益远远大于经济效益。

目前，山东省还未真正实现政府主导、企业运作、协会监督的体制机制，会展活动的市场化程度还较低。主要表现在以下三个方面：

第一，在会展经济发展力量弱小的阶段，政府必须占主导地位。但在实际运作过程中，也经常出现政府越位的现象。(1)会展的政治化干预较为严重，没能充分发挥市场化导向作用。在会展活动的审批和分配方面，政府施加了太多的政治干预，政府大多从行政利益出发权衡和抉择会展是否通过审核，这严重破坏了会展市场的良性竞争环境。(2)政府或半官方机构有时会代替企业参与到展会组织中来，甚至会干预到展会的具体操作。这就导致很多会展活动并不能将主要目的集中在促进经济发展上，而是为了提高城市的知名度和加强政府的导向作用，所以往往注重形式方面的效果和作用，却忽略了展会的本质是促进文化交流、达成合作意向。当然，政府也不能为展会企业和个人提供专业化、综合化的指导。(3)在国有会展的场馆建设和会展活动管理方面，还普遍存在布局失衡、资源浪费、管理不善等方面的问题。(4)尚未成立专门的省级会展管理部门，在宏观管理和统一规划方面还有所欠缺。很多国有性质的展馆大多是由国家或政府参与运营，市场导向作用较为薄弱，市场化运营水平有待提高，效率也较为低下。[①] 总之，会展产业的发展来源于市场，更要回归市场。太多的政府主导和管理会严重束缚会展活动的健康化和有序化，限制了会展企业的高水平化运作，严重抑制了会展业创新发展的道路。[②]

第二，山东省尚未拥有规模化的大型会展企业。(1)山东省的会展企业规模偏小，相对经验缺乏，融资能力不足，市场竞争力不强，而且在经营管理、组织结构、人才构成、市场运作等方面都存在一定缺陷，与国外知名会展企业相比差距较大，难以与其抗衡。相比而言，国外会展发达国家的会展企业都积极地开拓海外的分会场，如德国的汉诺威会展公司入驻了中国上海，将上海作为其在中国的主要会展营地，积极打造自己在中国的知名度和影响力。(2)山东省的会展展馆的面积有限，功能单一，设施落后。与会展经济发达国家相比，山东省的会展场馆建设还有很长的路要走。像国际会展业的"领头羊"——德国的汉诺威公司在展馆的基础设施建设上一直处在较高水平。它拥有超过 45 万平方米的总面积，其中市内展馆就有 25 万平方米。先进的基础设施为每年的参展商和观众带来了极大的方便，提升了展会的整体水平。相比而言，山东省的场馆展览面积严重不足，这已经成为山东省会展活动开展的瓶颈。

第三，会展行业协会的作用发挥也极其有限，有些行业协会从成立之初就渗透着政府行为的色彩，调节市场的力度与能力不足，没有充分发挥出桥梁的作用。(1)虽然山东省的展览类行业协会成立较早，但是由于政府干预过大，严重限制了会展企业的市场化运作能力，束缚了会展业的创新发展道路。(2)由于山东省会展类的行业协会不太注重自身专业水平的提升，导致过多地依赖政府干预，因此造成会展活动的开展不能较好地迎合市场的变动，会展企业的市场化运作能力大大减弱。总体而言，山东会展业的市场化还有很长的路要走。

2.品牌营销力度不足

目前，山东省会展经济的品牌营销力度不够，具体表现为会展活动缺乏专业性的设计、开发、监管和运营，会展产业的质量处在较低水平。一是山东省的会展活动还未形成一定的规模，难以塑造持久的品牌营销力。2011 年，在山东省举办的 571 场展览会中，展出面积大于 2 万平方米的只

---

① 陈靖.我国会展业发展过程中的政府行为研究[J].福建论坛：人文社会科学版，2009 (6):69-74.

② 李铁成，刘力.我国会展经济发展的新特点及对策[J].经济纵横，2012(7):80-83.

有 32 个，占全部展会的 5.6%；其中连续举办 5 届以上、初步具备一定品牌影响力的展会项目有 61 个，占 10.68%。2013 年，中国展览项目按面积排序前 100 的名单中鲜有山东展会上榜。① 二是与北京、上海等城市相比，有影响力的、特色鲜明的会展品牌还比较欠缺。会展市场主体缺乏品牌意识，不注重品牌的建设和维护。在《关于确定 2013 年商务部引导支持展会的通知》所涉的 115 项展会中，山东共有 3 项展会上榜，北京有 25 项，上海有 29 项。在《关于确定 2014 年商务部引导支持展会的通知》所涉的 115 项展会中，山东有 7 项展会上榜，北京有 23 项，上海有 35 项。在 2013 年 UFI 认证的中国会员和中国展会名单中，山东无一例上榜，而北京、上海、广东三省市的会员数约占总会员数的 84.5%。

探究出现上述问题的原因，有以下几点：一方面，山东省部分展会定位模糊，没有做到展会主题的细分化，规模效应和口碑效应都难以形成。在宣传组织方面，一些展会由于缺乏对受众群体的科学分析，宣传缺少针对性，营销力度小，传播形式较为单一，分散了展会的品牌塑造力度。同时，大部分的会展企业将大部分的时间和精力放在开辟新的领地，而大大忽视了对已有市场和已有顾客的跟踪与回访。长此以往，会展企业的影响力和知名度就会大大地降低。另一方面，重复办展分流了一些参展商和参展观众，不利于积累客源，影响良好口碑的树立。山东省一年之中会举办多场"制造业博览会""建材博览会""新能源（太阳能）展（博）览会"和"医疗器械展会"等②，重复办展导致了内部间的要素竞争，造成对资源的浪费，不利于会展市场的健康发展。同时，相比之下，德国十分注重展会品牌的维护和建设，组展方为了扩大品牌知名度和影响力，在世界范围内对展会进行宣传，以此来吸引参展商和参展观众。德国会展企业十分重视品牌效应的持续化运作，从展前、展中和展后的每个阶段都会做到宣传到位、服务及时。德国在评价一个会展活动的成功与否时，不只是停留在经济效益上，还要考量这个会展活动对于企业形象的提升程度和与客户关系的建立深度。作为世界会展企业的领军，德国汉诺威建立了完善化、专业化的全球网络咨询、服务系统，通过网络来管理客户资料，并进行数据分析和处理。除此之外，英国组展商也十分重视与客户的关系管理，如

① 吕文.山东：展会频频撞车 会展业亟须冷思考[EB/OL][2012-06-04]. http://finance.sina.com.cn/hy/20120604/091812215185.shtml.

② 吕文.山东会展业亟须"冷思考"[N].联合日报，2012-6-20.

建立展览业官方网站为企业提供相关的后勤服务，方便用户上网获得最新的展会项目信息。

3. 国际化进程缓慢

尽管这几年来山东省会展业的国际化水平有了较大的提高，但是仍然不能从整体上改变国际化水平低这一事实。山东省会展企业的国际化仍然是制约其快速发展的重要瓶颈，很多会展企业仍然不能将会展业的“引进来”和“走出去”两条途径充分开发出来。尤其是与德国等会展先进国家相比，山东会展业要走的国际化之路还十分漫长。2007 年爆发的全球经济危机让山东的会展企业纷纷停滞了开拓国际市场的步伐。因为无法承担巨大的经济贸易风险，很多会展企业都选择“收缩”政策，缩小自己在国外的市场占有额。另外，国外知名会展品牌虽然将市场开拓到山东的会展市场，但是各主管部门不能把握这一机遇来充分调动会展市场的积极性。在德国举办的国际性会展活动中，来自国外的参展企业能够占到参展总数的一半以上，而且超过五分之一的观众来自国外，其因此享有盛名，一直是全世界会展企业学习和借鉴的榜样。另外，其他国家的会展发达城市也非常重视培育和开拓海外会展领域，通过建立分公司或者设立专门机构来制定对外扩张计划以实现规模、数量的扩张，在世界范围内增强自己的竞争力和影响力。例如，德国的展览公司很早就意识到实施国际战略的必要性，提前开始布局国际市场。从 20 世纪 60 年代开始，德国的会展业相关部门就开始制定相关的政策，积极地提高其展会活动的对外开放程度，通过更多的优惠政策和增大减免力度来吸引国外团体和个人前来参观，这极大地增强了德国会展活动的国际知名度和业内影响力。然而，中国会展业的国际化进程却较为缓慢。相关部门的统计数据显示，在全国各城市开展的超过 1000 个会展活动中，仅有不到 10％的参展厂商来自国外；另外，外国的参观人数不到总数的 0.5％。[①] 国际化进程的缓慢严重限制了中国会展业的快速发展，这也是山东省会展市场的不足之处。另外，与北京、上海、广州、深圳、香港等在国际上有一定知名度和影响力的中国会展发达城市相比，济南、青岛、烟台、潍坊等山东的主要会展城市仍然位居二线、三线，还没有形成较高的国际竞争力和影响力。

---

① 张燕. 德国会展业发展对中国的启示[J]. 全国商情：经济理论研究，2008 (1)：25-26.

首先，山东省具有国际竞争实力的大规模、高水平的会展品牌不足，很多会展企业不重视会展活动的综合影响力，没有将每一次展会活动的作用力充分调动起来。与国际上专业化、品牌化程度较高的会展活动相比，山东缺少有竞争力的会展品牌，难以在国际市场上立足。山东的会展企业没有充分重视会展活动的设计开发和会展服务的品质保证，一旦遭遇到国际大型会展品牌的竞争，便很快显现出各种不足。其次，山东会展业对外商、外资的开放度不够。山东虽然有多个著名的港口城市，但是信息还是相对比较闭塞，资本积累只能大部分依靠国内，对国际资本投入的开放度还不够。本土会展企业和会展机构的规模普遍较小，自身的抗风险能力较弱，无力承担外商投资的不可估性，导致减少了与其他国家发达品牌展会交流和学习的机会。另外，山东的会展领域没有培育出专业化、高素质、科学化、综合化的优秀人才体系，这严重限制了山东省在国际领域的拓展步伐。山东省内开设会展相关学科和专业的高校有限，会展知识与其他国家相比仍存在一定的差距。山东省会展人才对国际会展业的运作模式了解不够，国外学习的机会也不多，这也大大限制了我国会展业的国际化进程。最后，我国现有的政策环境也不利于会展市场的国际化。我国现在处在社会主义的初级阶段，会展行业的准入制度较为严苛，审批流程较为繁琐，这一方面严重阻碍了国际知名展会的"引进来"，同时另一方面也限制了中国知名展会的"走出去"。缺乏国际性的行业交流和市场带动的会展行业将会步伐缓慢。①

4.场馆利用水平欠缺

展馆建设的规模化程度、场馆利用率是衡量一个国家展览项目实力的标志之一。国际上会展发达国家的会展行业十分重视扩增会展场馆的规模，提高场馆的利用水平。全球10大顶级展馆中有4个属于德国②，先进的场馆设施为德国会展业规模化、国际化发展奠定了坚实基础。由此可见，中国会展行业的基础和重中之重是加强展馆的基础设施建设，提升场馆的综合利用率。目前，山东省大部门的展馆普遍存在设计与建造不科学、创新度不够等问题。另外，目前山东很多会展场馆的市场定位不准确，闲置现象较为严重，如何加大力度提高会展场馆的利用率是摆在会展

① 吴汉荣.会展业国际化的难题与对策[J].国际经贸探索，2005，21(3):36-40.

② 汉诺威展览中心(46.68万平方米)、法兰克福展览中心(35.57万平方米)、科隆展览中心(28.4万平方米)和杜塞尔多夫展览中心(26.27万平方米)。

企业面前的重要工作。

尽管山东省17个地市在会展场馆等基础设施建设方面投入巨大，形成了一批具有区域和国际影响力的会展中心。然而，山东省的大部分城市经济发展水平不高，社会生活的方方面面都不能为会展产业发展提供良好的基础。首先，城市的基础设施建设力度不够，没有较多的大型会展场馆，更不用说场馆设计和建筑风格；其次，会展产业与住宿餐饮业、交通运输业、创意文化业、旅游规划业等其他相关联产业的融合程度不深；最后，会展业的国际市场定位不高，无法运营起知名的国际会展活动。长此以往，势必会降低参展商的办展热情，不利于山东会展业发展环境的优化和知名度的提高。山东省贸促会的统计资料显示，省内很多城市多年打造的特色会展却由于场馆规模、专业性的限制只能更换到其他城市。另外，有很多知名会展活动也因为场馆的建设问题放弃在山东开展。

截至2013年，山东省共有展馆34个，专业展馆的室内面积达到104.94万平方米，位居全国第一，会展发展潜力较大。① 虽然山东省的场馆数量和规模都有了快速的发展，但是在场馆规划和利用方面，还存在一定问题。曾经闻名全球的达沃斯论坛在挑选举办城市时考察过青岛，然而由于青岛会议设施不完善，无力承担这一国际性会议，错过了这一宝贵的机会。目前，山东省的部分展馆基础设施不完善、装修简陋、功能单一，没有为后续发展预留空间，后期的更新和维护也跟不上。具备会议、展览、餐饮等多项功能的专业展馆综合体欠缺，难以承担得起大型会展活动的较高要求。另外，由于会展相关部门和行业协会不能对当地的会展场馆建设作出科学化、准确化的定位、设计与运作，场馆数量虽然在增加，但是重复程度较高，创新力度不足，高质量、专业化、国际化的展馆数量屈指可数。这造成了资源的严重闲置，场馆利用率较低，会展业的发展受到限制。

会展行业的专业人员作过如下的分析：会展活动的综合效益最大化的条件之一就是会展场馆的利用率至少要超过60%。但是，目前绝大多数城市的会展场馆利用率都低于20%。在很多省份，大部分的城市都斥巨资建设了一流水平的会展场馆，投大量的人力、物力在基础设施的建设

① 三亚会展公司：会展行业大数据时代来临[EB/OL].[2016-06-27]. https://www.sohu.com/a/86345214_265866.

上。然而如此低的场馆利用水平不但大大浪费了社会资源，而且限制了场馆经济效益和社会效益的发挥，场馆的可持续发展水平大打折扣。① 除此之外，配套设施不完善也会影响展览公司的办展积极性。有些场馆周边的酒店、餐饮、娱乐等设施不能满足参展商的需求，水电和网络系统不完善，交通系统难以承载展览期间巨大的人流、物流，容易产生拥挤、堵塞现象。2013 年，中国城市规划年会的举办，使青岛迎来了参展人数的最高峰——它成功吸引了超过 6000 名参观者前来参会，但因餐饮等配套设施及服务供给滞后，导致组织失序、展会效果差强人意，一些参展商和组展商因服务欠缺而选择其他城市。

5. 专业人才储备有限

缺乏会展领域专业化人才是山东省会展活动持续高效开展的巨大障碍。这主要体现在以下几个方面：一是高校会展教育的缺失。改革开放以来，山东省乃至全国开设会展专业或学科的学校较少，国家对会展专业人才培养的关注与投入力度不大，综合化、高素质、专业化、国际化的会展人才十分匮乏。二是社会对会展相关人员的培训力度不够。现今，山东省省内对会展的开发经验匮乏，尚未形成一些具有一定国际影响力的专业化会展办展团队，这对会展专业毕业生本就缺乏的山东而言无疑是雪上加霜。三是国家尚未制定和实施规范化、系统化和专业化的会展人才规划，职业规划不够深入，展前、展中和展后的规划不到位。会展从业人员跳槽现象频发，这就制约了山东省会展业办展水平的提升，阻滞了山东省会展业的发展与壮大。②

会展的专业性、综合性极强，会展要求专业人员除了需要掌握规划设计、招商招展、突发事件处理等必备技能外，还需要具备较高的创新思路、交流技巧、公关素养和团队合作水平。目前，山东省的会展从业人员市场缺口大，专业化水平参差不齐，尤其是能够高瞻远瞩地做好规划、运营、招商、引资等工作的高级人才较为短缺。许多展览使用的都是临时的工作人员，展览前对其进行简单的培训就直接上岗，专业素质的缺乏严重制约了办展水平。同时，会展业的高端人才大多集聚在北京、上海、深圳等会展一线城市，这导致山东省在举办大型展会时还需到这些地方引进人才。

---

① 过聚荣. 中国会展经济发展报告(2013)[M]. 北京：社会科学文献出版社，2013：141.

② 马光伟. 山东省会展经济发展问题研究[D]. 济南：山东大学，2006：37.

究其原因，一方面，我国会展业起步晚，高等院校会展相关专业建设亦有所滞后，师资力量薄弱，实践经验缺乏，理论研究也有待完善。虽然随着会展经济的不断发展，山东省许多高校都陆续设立了会展相关专业，但是总的来说会展专业还没有大范围普及，会展教育水平还比较低。大部分的会展人员都是“半路出家”，是从其他专业中途转到会展业的，基础知识不牢固，同时精通设计、规划、营销、策划的专业化、综合化、高素质人才较少，会展人才队伍整体上数量不够、水平较低、复合程度不足。青岛市曾经以 20 多万元的高薪招聘会展项目负责人，却还是找不到符合的人选。总的来说，由于会展科研人员缺乏，从山东省到全国会展研究还比较落后。[①] 另一方面，具备实践能力的人员短缺。绝大多数的会展从业人员主要依靠职业学校的培养或者社会培训机构的培训，有些资质较低的院校和机构大大影响了人员的专业程度。同时，会展人才体系建设与实际需求相脱节，供需结构完善化程度不够，这大大限制了山东省会展业的整体水平。

6.配套服务功能滞后

作为第三产业中的新兴领域，会展业的市场互动作用较强，涉及住宿餐饮、商务旅游、信息流通等众多关联行业。会展业的快速发展不仅依赖于配套服务行业服务功能的增强，而且需要来自于中介服务、法律咨询等相关领域的技术支持。然而，目前山东省的会展业还处在成长阶段，发展路径、发展机制还不够健全。在山东省会展业的带动力有限的情况下，相关配套服务产业的功能还没有得到有效的开发。在大型活动的开展过程中，与其紧密关联的相关配套基础产业不能及时有效地支撑整个活动的进程。会展整体关联产业结构与功能的弱化严重制约着重大项目的发展壮大。

首先，山东省的会展行业缺乏配套的体制机制，没有在整体上形成一个统一化、规范化的行业秩序。相比那些周期较长、发展较为成熟的第三产业，会展业的历程相对较短。作为服务业中的新兴产业，目前的会展业还处在成长阶段，行业管理体制机制还有待完善。与之相比，餐饮管理业与酒店服务业则已经形成了一整套系统化、成熟化的体制机制，与其配套

---

① 刘松萍等.会展人才培养与服务社会双向驱动模式的研究及实践[M].重庆：重庆大学出版社，2012：2-3.

的相关联产业之间的融合效应和连带作用能够得到有效发挥。因此，山东会展业相关管理部门应该借鉴酒店餐饮业完善的行业管理体制，努力推行适合会展发展现状的产业融合、协同的创新机制。其次，山东省的会展行业协会起步较晚，成长期较短，成熟化程度不够。虽然山东省的特色化、品牌化会展开始逐渐形成一定的规模，但是没有形成与之配套的规模化的活动策划、方案设计、活动运营、宣传推广等，而且诸如酒店餐饮、交通运输、广告宣传等产业的结合形式较为单一，结合程度较为薄弱，这些都严重阻碍了山东会展业的快速成长。另外，在会展活动开展之际，会展周边服务业没有及时感应到展前、展中、展后等不同阶段会展人员、会展形式等的市场定位和资源规模。酒店餐饮业不能合理有效地迎合不同消费人群的消费能力。因此，相关部门很难充分利用会展的资源调动力和市场影响力。

7. 法律规范力度较弱

目前，我国会展业的政策法规体系尚不健全，引导和监督作用不明显，管理措施缺乏有效性。会展市场上存在恶性竞争，同质化的展会充斥市场，为了争抢客源开展激烈的价格战。有的展会虚假宣传，欺骗消费者，打着国际展的名号招展、“拼展”和“骗展”现象时有发生。如2007年济南舜耕国际会展中心举办的“第六届安防产品博览会”，对外界宣称是“第七届建筑涂料节能保温材料博览会”，这样的虚假宣传欺骗了很多参展商。有些招展宣传册为了吸引参展商不惜挂名虚有的主办单位，导致有的单位甚至在并不知情的情况下就被列入了展会主办单位的名单。[①] 另外，为了赚取经济利润，会展企业在招商的定位上不够准确，经常与本展会关系不大的公司合作。更有甚者，有些小公司在收取合作费后就立即消失，损害了参展团队和个人的正当权益，扰乱了市场秩序。

同时，标准化建设、统计化分析等方面政策的缺位，也不利于会展活动的有效开展。相关人员对统计工作了解不够，没有意识到会展信息统计的重要性。山东省忽视了会展行业统一标准和评价体系的制定，这不利于会展市场的规范化发展，也难以对当地会展业做出准确科学的把握，从而对市场做出迅速反应。此外，随着会展经济的持续进行，“山寨”类的会展活动开始泛滥，这严重侵犯了知名展会的品牌效应，影响了知名展会

---

① 许增顺. 先拿到参展费再说，会展业骗展愈演愈烈[N]. 大众日报，2007-5-5.

的群众基础，此类的纠纷、案件越来越多，假冒伪劣活动大行其道，关于会展知识产权的立法保护迫在眉睫。

首先，山东省还未形成一整套健全的会展业制度系统。政府未能有效行使宏观的经济领导者和决策者的职能。政府主导的项目，不但要注重经济效益和社会效益的发挥，而且要实现一定的政治目的，因此政府很难多领域、多角度地考虑到展会的市场运营和效益实现。由于缺少产业规范化、系统化的制度章程，会展经济容易出现管理不到位、审批时间久、展会主题创新度不够等问题，会展活动也会缺乏市场活力和内生性动力，其对当地经济的全方位带动作用也就不能充分地展现。其次，山东会展市场的制度保障体系不够健全。在全省乃至全国都还没有出台全面用于会议开展、展览开发和节庆事宜等的相关法律法规。虽然山东各市区的政府和相关管理人员已经积极运作出一整套保障会展正常运行的体制机制，但是并没有得到有效的落实。而且在制度建设方面，有些领域的政策法规①还不健全。因此，相关工作人员需要努力加强会展相关政策的执行力度。

8.2.2 全面提高市场化水平

纵观国外发达国家的会展发展历史，会展活动的成功运作需要国家、企业和协会的通力合作。只有充分发挥市场在会展发展过程中的主力作用，会展业才能一直保持高活力的积极运作。以德国会展业为例，德国政府在会展业发展中不仅在场馆建设、交通环境方面加大资金投入，而且更侧重于对其产业链条、中介组织、市场主体进行宏观管理。在美国，政府只是发挥提供资金投入、政策优惠等统筹规划作用，会展活动的主体还是交给具有自我调节力的市场。由此可见，政府应转变观念，明确自身定位，从“幕前”退居“幕后”，逐步淡出会展业的具体运作，贯彻落实“四化”“三效”目标②，运用全局性和战略性眼光并根据本地实际情况，宏观指导，科学规划，加强对会展企业的资金支持和政策优惠，培育和完善行业协会，通过法规制定、财政投入等形式帮助会展活动较为顺利地进行。具体措施有以下两个方面：

① 诸如知识产权的保护、会展活动的标准化制定和会展信息的统计汇总等方面。

② 即“市场化、专业化、国际化、信息化”和“效率、效果、效益”。

第一，完善会展业管理机制，积极引导各类会展主体协调发展。作为市场经济的主体，企业要有品牌意识，做好会展市场的调查和反馈，吸取国内外知名会展品牌的办展经验，提升组织策划能力和服务质量。企业还可以通过通力合作、重新组合等方式，提高自身的发展水平，走市场化、专业化和品牌化之路。英国励展博览集团①在全球范围内进行兼并与收购，其涉及业务范围广泛，包括航空与国防、建筑与施工、设计、电子、能源等核心行业，现已成为世界领先的展览及会议活动主办机构②。会展公司在会展业的市场体系中处于关键位置，要发展壮大山东会展业就必须鼓励企业创新，吸收借鉴国外先进会展公司的经验，塑造核心优势，提高会展企业的国际竞争力。

第二，积极发挥行业协会的领导作用，引导市场化水平的提升。协会是一个行业发展到一定阶段以后开始出现的相关管理与运营机构。它的成熟能保证整个行业的繁荣壮大。在国外很多会展发达国家，行业协会都起到了极其重要的引领作用。例如，在德国，贸易展览业协会（AUMA）③便是行业领域里的佼佼者④。在AUMA的有效管理下，德国的会展活动定位精准，市场运营程度较高。同时，AUMA还制定了相关的优惠政策和财政投资来保证知名会展活动国际市场的有效开拓与运营。⑤因此，我国应早日建立全国性的行业协会，并发挥自身的沟通中介作用，促进交流与合作，开展行业调查和研究，积极发挥行业协会的领导作用，不断提升我国会展活动的市场化水平。

8.2.3 加大品牌培育力度

根据山东省会展业品牌现状，未来应着力依托本地优势资源打造会展品牌。首先，积极借鉴国内外发达城市的发展经验，制定会展业差异化

---

① 目前，励展在全球设有33个代表机构，遵循“运用全球化思维，解决当地之所需”的理念，使世界各地的客户受益于励展的全球资源、行业网络和数据库。

② 张敏. 中外会展业动态评估年度报告(2012)[M]. 北京：社会科学文献出版社，2013：177.

③ 它的主要职能是代表德国展览业利益游说州和联邦政府的立法和行政机构，同时协调德国官方出国办展活动，牵头制定德国每年的官方出国办展计划等。

④ 李志华. 德国会展业给我国会展业的启迪[J]. 北方经贸，2007 (2)：41-43.

⑤ 钟汶利. 我国会展业的竞争优势分析[D]. 镇江：江苏大学，2010：35.

竞争战略。国外很多会展发达国家都会通过政府、企业和行业协会的通力合作来增强会展活动的品牌培育力度。作为会展行业的"领头羊"，德国汉诺威展览公司依托自身的资源优势，积极培育汉诺威在工业类展会中的品牌化效应。一直以来，汉诺威都是全世界数量最多、规模最大、效益最高的工业展会聚集地。中国也在积极培育会展活动的品牌化力度。广州市地理位置优越，从古到今一直是重要的港口城市，经济实力雄厚。广州积极打造出了进出口贸易类的国际知名品牌会展——广交会。其次，应加快构建以核心化、节点化、特色化为体系的会展格局。山东省应该以济南、青岛为中心城市，强化会展品牌的双向辐射力；以烟台、潍坊、临沂、东营为重点，培育多类型、专业化和市场化的品牌类项目；围绕其他地市创办具有区域特色的主题活动，结合"两区、一圈、一带"①的区域布局，积极培育主题鲜明的品牌项目。

8.2.4 提升产业业态与国际化水平

基于提高会展业对外发展能力的迫切需求，山东省未来应着力提升产业业态，拓宽对外合作渠道。首先，进一步提升山东会展的产业耦合度，积极利用"互联网＋""文化＋"打造会展新业态。如今，高科技与会展业的互动程度逐步加深，多媒体、信息化、高科技在会展中得到越来越广泛的融合。二维码、电子地图、多媒体讲解、LCD互动触摸屏都渗透在展会的各项细节当中。利用以上新技术、新动力，加快培育新型的会展融合业态，网络会展②就是其中的典型代表。提高会展活动与旅游资源的融合利用水平，利用活动经济提升旅游景区的文化内涵与知名度，充分发掘旅游人群对会展活动的市场支撑与人气支持。如济南旅游景点众多，是我国优秀的旅游城市，济南可将"泉城"作为会展旅游的招牌，打造专门针对与会者的旅游线路；青岛、烟台都是海滨城市，沿海风光秀美，可充分开发本地的海洋文化资源，着力在"蓝色经济"方面做文章，打造国际海洋会展名城。其次，拓宽会展业对外合作渠道。鼓励我省会展龙头企业发挥对外办展引领作用，积极赴发达国家和地区参加国际性会展，拓展国际办展新路径，培育

---

① 具体是指：山东半岛蓝色经济区、黄河三角洲高效生态经济区、省会城市群经济圈和西部经济隆起带。

② 网络会展借助网络技术，将实体展会搬到虚拟的互联网上，打破时间、空间的限制，扩大和提高会展信息的传播范围和传播效能。

一批境外自办展会品牌。通过积极引进和走向国际两条路径，山东省会在会展实践中积极吸收先进会展城市的运营理念和管理经验。

8.2.5 提高场馆利用水平

山东会展业亟须在场馆建设、配套设施与服务供给三个层面加以提升。第一，展馆建设应结合我省会展业的快速发展趋势，要有长远规划，保证展览、会议和节庆活动能够顺利举行。在济南、青岛等山东省的会展主力城市，应通过完善会展场馆的基础设施建设、提高场馆利用水平来增强会展竞争力，全省各地应在充分的市场调查和分析基础上，努力实现场馆建设与当地城市经济发展状况相适应，避免华而不实、流于形式的建设，如果场馆建设一味注重数量而忽视质量，则势必制约会展业的成长。第二，场馆配套设施需要多方考虑、长远规划，并根据会展需求持续快速跟进。除了展馆内部的基础设施之外，相关的交通、餐饮、娱乐等外围配套体系也是场馆生态环境的一个重要组成部分。优良的配套设施对提升会展水平与质量具有重要作用，如德国纽伦堡国际展览中心在展馆内部设置了可伸缩性墙体，成功实现了不同类型展会的多样化要求。① 作为"世界会展之都"，美国的拉斯维加斯会议中心具有现代化程度高、功能齐全等特点，中心设有各式各样的风味餐厅、豪华的温泉水疗区、繁华的购物中心、高端的高尔夫球场等各类设施，极大地满足了参展商、消费者和与会人员的需求，这样灵活的设计不仅节省了资源，还挖掘出现有展馆的潜力，值得我们学习和借鉴。第三，高品质的展馆不仅要重视硬件的高品质，还应注重提高自身的服务质量。例如，维罗纳国际展览中心是德国先进的展览公司，除了先进的基础设施，该中心的服务项目也十分完善，包括酒店宾馆、新闻中心、展位搭建、空气净化、客房预订、餐饮、酒吧饭店。自 2003 年起，展馆建有多层停车场，为与会参展商提供了 2100 个车位，另有 8000 多个车位供参展观众使用。② 此外，在场馆空闲时间安排、场馆管理机构上还应注意合理利用和组织。

---

① 张敏. 中外会展业动态评估年度报告(2012)[M]. 北京：社会科学文献出版社，2013：87.

② 王方华，过聚荣. 中国会展经济发展报告(2010)[M]. 北京：社会科学文献出版社，2010：119.

8.2.6 补强专业人才短板

根据山东省会展业发展及人才支撑现状，未来应着力在人才培养模式与思路、定向培育引进等方面实现突破。主要包括以下两个方面：

第一，为了满足会展各领域对专业人才的要求，实行跨专业的人才培养模式。首先，作为人才教育主阵地，山东省各高等学校会展专业应找好定位，创新探索会展人才培育路径，将理论学习和实践锻炼交叉设置，使学生能够不断提升自己的专业知识和实践技能。作为全球知名的会展品牌化国家，德国已经形成了专业化、科学化、规范化的会展人才培养制度。很多高校很早就开设了会展相关的专业和学科，其中最具代表性的当属科隆大学，它很早就开设了可授予学士和硕士学位的会展专业。会展专业最初是归属于经济学院，会展专业的学科目标就是积极培养理论知识与实践能力高度结合的人才。后来，科隆大学还成立了以会展为研究方向的研究院，以提升会展领域的理论与政策导向性研究。在瑞文斯堡大学，会展专业的教学目标更多地侧重于实践能力的培养，以期为社会培养具有实践精神的会展人才。① 在模式选择上，德国实行模块式教学，让学生自由地选择重点研究领域，进行有针对性的学习。其次，各高等院校应该加强师资队伍和教学环境建设，吸收综合性、专业化的人才充实教师队伍。教师应该注重理论知识和实践技能的全方位教学，帮助学生尽早与行业现状接轨，增强其综合服务能力。应该鼓励相关人员出国进修，学习世界上最先进的会展知识和理念，做好对口人才的输出；同时，可引进国外具有先进理念和办展经验的会展人才，邀请世界上知名的会展教育专家来进行培训，增加人才储备。

第二，要根据会展市场的实际导向，分专业、跨学科地做好人才教育工作。会展知识的综合性很强，囊括经济、旅游、规划、设计等多学科的理论知识，不同的岗位对于人才的专业性有不同的要求。应该重点加强以下四个领域的人才培养：一是管理领域，管理学科是一个综合性较强的学科，会展领域急需管理型人才的加入。展前、展中到展后每一个环节的成功运作都与管理人才有着密不可分的关系。二是规划咨询领域，在会展

---

① 杨丽霞. 我国会展人才培养问题研究[J]. 世界经济与政治论坛，2009 (5)：108-112.

业高度发达的今天，一场成功的会展活动从规划设计到专业咨询都需要专业化的人才提供导向和支持。三是国际化市场领域，我国的会展业开始不断与世界接轨，这就需要有国际化视野和高度开发性头脑的专业人才。他们不但要具有系统的专业知识，还应该拥有高水平的外语知识。他们需要及时地了解国外会展行业的新趋势和新特点，以此指导我国的会展实际运作。四是科学研究领域，会展行业与科学领域的高度融合互动是未来会展发展的方向与主线。从业人员科学素质的提升有助于大幅度推进会展的现代化进程。

8.2.7　提升会展配套服务

会展能产生较强的综合效益，能够推动相关联产业的融合互动，能够提升会展的配套服务建设，从而实现共赢。同时，系统化、专业化的相关联产业运作和配套服务建设也能反向推动会展业的效益最大化。为了提升会展配套服务功能，实现会展活动的综合效益最大化，相关部门应该从以下几个方面着手：

第一，相关部门应该加强会展的管理、开发、设计与运作体系建设。以酒店餐饮业为榜样，只有充分做好管理、开发、设计与运作领域的体系建设，行业的带动作用才能有效地发挥出来。应充分调动会展产业与酒店餐饮等相关联产业的组织协调、内外联系、法规示范、道路指示等功能，提升山东省会展业的市场竞争力和产业影响力。

第二，相关部门应该制定优惠政策和提供财政补贴，积极推进会展行业与交通运输业、住宿餐饮业、旅游规划业、文化创意业等相关联产业的融合互动，创新融合模式。以设计公司、规划公司为结合范例，促进行业间的高效结合、良性互动和互利共赢。

第三，充分调动参展区域内的相关优势资源。不但要充分发挥会展业、酒店管理业等行业内部资源优势，还应重视对行业间的外部资源优势的调动。不但要立足区域内资源优势的有机组合，还应善于调动信息资源的整合。

第四，推进服务保障体系的健全化、系统化。首先是完善会展及酒店餐饮业等售前服务，其次是售后服务的落实和反馈，最后是会展及酒店、餐饮、住宿等领域的基础设施建设。

第五，启动“互联网＋”“文化＋”“展览＋”的商业战略。利用会展的信息展示、信息交流功能，并充分调动互联网的融合、关联作用，实现会展业相关配套服务功能的升级。

8.2.8 完善各项体系与制度

山东省应该基于保障会展健康推进的宗旨，加快政策法规体系的健全。首先，加快立法步伐，相关部门应该积极制定适合我省的《中国会展业促进法》《山东省会展业促进条例》，为会展业的发展做好顶层设计，提供法规保障。其次，加强基础运营与市场监督的体制机制建设。明确相关部门的工作责任，提升不同单位之间的合作水平，加强齐抓共进的合作力度；重点针对不正当竞争行为、侵权行为，扩大“事中事后”监管，加大对不良行为的查处惩治；积极推进行业协会的调节、监管与运营工作，建立企业信用档案，促进会展活动健康有序地运转。再次，加强活动评估的科学化与体系化建设。根据国际上和我国成熟的活动评估方法，结合山东省的会展实际，培育能反映地区会展水平、会展层次的评估方法。完善省内各级会展活动统计制度，搭建覆盖全省的会展活动网络信息平台，加强会展信息、数据的统计、整理、上传工作，提高会展动态统计水平；研究制定服务全省的展会活动、展会企业效益评估办法，规范行业经济效益与社会效益的评价标准。

8.3 山东会展业发展展望

如今，很多发达国家的会展数目较多、规模较大、发展水平较高，山东省的会展经济要想在激烈的国际竞争中脱颖而出，就必须提高自身的核心竞争力和业内影响力。发达国家的会展企业成功走出了一条“引进来”与“走出去”有机结合的创新之路。在这些国家，会展相关部门善于吸收和借鉴国外知名会展公司的成功经验，并以此指导本国的会展业走出会展发展盲区。同时，这些国家也善于将本国优秀的会展活动开辟到海外市场，迅速在其他国家站稳脚跟，渗透到社会生活的方方面面。因此，山东省的会展企业应该向发达国家学习成功经验。如何提高自身的经营管理水平，优化组织架构，广泛吸收人才，制定有效的营销策略，处理好与顾客的关系都是不得不考虑的问题。根据目前山东省会展产业的发展状况，多元化、多角度的融合互动式发展模式是目前会展企业的新特点和新趋势。只有积极地推进会展业与交通运输业、住宿餐饮业、旅游规划业等相关联产业的互动融合式发展，山东省的会展产业才能找到适合自身发展的创新之路。

会展企业要对自身进行精准的定位，实行差异化的发展。成功的会展服务企业要有自身的特色和发展的长远计划，避免市场中的恶性竞争和盲目投入。在发达国家，对市场规划和市场营销的重视是显而易见的。任何企业的发展，如果没有自身的特色和规划，而仅仅是对其他企业的效仿和复制，都是不能长远的。山东省要借鉴发达国家和地区的经验，引导会展企业建立完善的营销体系，通过普查统计等各项宏观工作，帮助企业做好长远的市场规划。会展企业应积极开展多角度的公关宣传工作，利用新媒体等信息手段，运用互联网思维，探索提升企业形象的方式方法。立足长远，会展企业应积极融入到提升城市形象的整体工程中。同时，塑造城市的品牌形象也要充分考虑会展企业的作用，使会展成为城市形象的重要组成部分。

进入 21 世纪以来，会展业的发展速度开始加快，发展规模开始扩大，发展水平开始提升，局限的国内市场已经无法满足高度发展的会展业的多方位需求，进行国际交流与贸易，开辟海外会展市场将成为一大趋势。诸如德国、美国、英国、意大利等会展高度发达的国家，其明显的趋势之一就是注重会展业的国际化发展，德国就是一个典型的代表。在德国，每年都会有大概 150 场展会是国际性的，总共可以吸引到全球接近 17 万的会展企业和接近 1000 万的参展观众。德国商贸类型展会的主要优势就在于其市场定位国际化：有超过 50%的参展企业来自世界各国；另外，参展观众中也有近 25%来自不同国家，其中又有 25%的国外观众是来自于非欧洲地区。① 会展业的全球化布局是个长期过程，非一朝一夕可以达到。山东省的会展企业发展到一定阶段后必然会放眼全球市场，因此，会展企业的国际化战略应被提上议事日程，平台构建、渠道拓展将成为会展企业“走出去”要解决的关键问题。

---

① 张敏. 中外会展业动态评估年度报告(2012)[M]. 北京：社会科学文献出版社，2013:259.

美国的会展业在长期的发展过程中，产生了多个的焦点城市，如拉斯维加斯、奥兰多、芝加哥等。拉斯维加斯被称作“世界会展之都”，在博彩、旅游、电子消费品领域的展会数量颇多。德国是全世界会展业的“领头羊”，拥有许多会展高度发达的城市。例如，法兰克福国际图书展闻名全球，可以说是全球出版界的盛会；科隆的主要展览重点在消费品和高科技商品方面，如科隆国际食品博览会等。德国的每一个会展中心城市都有各自的发展方向和定位，各有优势，并形成了自己的品牌展会。山东省的各个地区如何发挥自身优势、培育品牌展会值得我们继续探讨。

山东省应该积极学习和借鉴美国、德国等国外会展发达国家的成功经验，努力加强自身会展业发展的区域合作机制建设，主要涵盖国际间的区域合作和国内的区域合作两个方面。在国际间的区域合作方面，山东省的会展企业应该积极作为，争取获得国际上会展专业领域的行业组织或者专门机构的认证。只有通过这些国际知名会展组织的认证，山东省的展览项目才能趋于标准化、专业化和品牌化。山东省会展中心城市应该加强与邻近省份和其他会展发达城市的经验交流与合作，尤其是像北京、上海、广州等会展业高度发达的城市。通过学习其会展业的先进理念和运营思路，不断增强本省展览活动的影响力和竞争力。与此同时，山东省应该根据各地市的资源优势和产业特色，深入挖掘差异化、特色化的会展项目，积极培育城市品牌会展。

从总体上来讲，山东省的会展经济上升较快，前景广阔，在国内和国际会展市场上已经形成了一定的知名度和竞争力。许多国家已经注意到我国会展市场的广阔性与多元性，国际上知名的会展企业已纷纷在我国开辟市场。山东省应抓住机遇，构建现代会展市场体系，在政府的宏观规划和服务指导下，充分调动会展企业的主观能动性，搞活市场，借鉴国内外发展经验，不断提高自身的办展水平。科学全面地统计与分析会展数据，不断完善会展理论，也将助推我省会展业发展迈上一个新的台阶。

参考文献

一、著作

［1］房干.展览学概论［M］.辽宁:辽宁人民出版社,1990.

［2］潘杰.中国展览史［M］.成都:电子科技大学出版社,1993.

［3］王志乐.著名跨国公司在中国的投资［M］.北京:中国经济出版社,1996.

［4］林宁.展览知识与实务［M］.北京:经济科学出版社,1999.

［5］黄合水.品牌建设精要:打造名牌之不二法门［M］.厦门大学出版社, 2004.

［6］过聚荣.会展导论［M］.上海:上海交通大学出版社,2006.

［7］史国祥,贺学良.会展经济［M］.天津:南开大学出版社,2008.

［8］谢鲁江.国企改革 30 年［M］.长沙:湖南人民出版社,2008.

［9］过聚荣.中国会展经济发展报告(2008)［M］.北京:社会科学文献出版社,2008.

［10］上海世博会事务协调局.中国 2010 年上海世博会官方导览手册［M］.上海:上海人民出版社,2010.

［11］王方华,过聚荣.中国会展经济发展报告(2010)［M］.北京:社会科学文献出版社,2010.

［12］刁铁.中国啤酒行业观察:行业竞争态势与企业动态竞争［M］.北京:知识产权出版社,2010.

［13］应丽君.21 世纪中国会展经济与会展业［M］.重庆:重庆大学出版社,2010.

［14］周锡冰.百年青岛啤酒的品牌攻略［M］.北京:中国物资出版

社,2011.

[15] 刘大可.展览会组织与经营[M].北京:中国人民大学出版社,2012.

[16] 刘松萍等.会展人才培养与服务社会双向驱动模式的研究及实践[M].重庆:重庆大学出版社,2012.

[17] 来逢波.会展概论[M].北京:北京大学出版社,2012.

[18] 张敏.中外会展业动态评估年度报告(2012)[M].北京:社会科学文献出版社,2013.

[19] 过聚荣.中国会展经济发展报告(2013)[M].北京:社会科学文献出版社,2013.

二、期刊论文

[1] 张卫国.90年代山东改革开放的大思路问题[J].山东社会科学,1992(3).

[2] 耿鸿福.渡过国有企业改革的"阵痛"[J].探索与争鸣,1994(5).

[3] 崔承天.如何渡过国有企业改革的阵痛[J].管理观察,1995(10).

[4] 何莲女.继续扩大对外开放的面努力提高对外开放的质[J].理论与当代,1996(2).

[5] 郭霖,郭建辉.关于跨国公司进入中国市场方式选择及策略分析[J].福州大学学报:哲学社会科学版,1997(2).

[6] 唐力声.中国会展经济的现状和未来[J].中国军转民,2000(6).

[7] 杨虎涛.会展经济:现状、问题与对策[J].长江论坛,2000(6).

[8] 闫丽霞.展览业——建立和发展经贸关系的桥梁[J].内蒙古科技与经济,2001(5).

[9] 甄明霞,欧阳斌.会展经济——城市经济的助推器[J].上海经济研究,2001,142(6).

[10] 孙钢.走向新世纪的中国展览业[J].展览与专业市场信息,2001(1).

[11] 马勇.中国会展经济发展解读[J].经济地理,2002,22(3).

[12] 邢以群.会展业是城市经济的发动机[J].浙江经济,2002(20).

[13] 刘怡.会展经济三人谈(之二):中国需要会展业 会展业需要中国——中国贸促会轻工分会王本和副会长一席谈[J].中国食品工业,2002(7).

[14] 黄金春.会展业对城市经济发展的拉动效应[J].中国城市经济,

2002(3).

[15] 李云霞.会展业与会展旅游市场开发[J].学术探索,2003(5).

[16] 熊训林.走近世界会展经济[J].新商务,2003(3).

[17] 盛宝富.揭开会展经济的面纱[J].国际市场,2003(11).

[18] 马金杆.发展温州会展经济若干问题思考[J].温州大学学报(社会科学版),2003,16(2).

[19] 程红,路红艳.从国际会展业发展动态看我国会展业发展方向[J].中国流通经济,2003,17(3).

[20] 卢新德.十三年来山东对外开放的成功经验[J].山东理工大学学报:社会科学版,2003,19(5).

[21] 李庆杨,李鸿冰.浅谈我国会展经济的发展及其作用[J].经济师,2003(5).

[22] 韩晓玲.会展业的发展与特点——对山东会展业的调查与分析[J].文物论坛,2004(4).

[23] 舒莉.会展业发展的国际经验与启示[J].湖南商学院学报,2005,12(5).

[24] 梅青,张志全.论山东省会展业发展的机遇与挑战[J].商场现代化,2005(25).

[25] 周志平.进一步推动我国会展业发展[J].商业时代,2005(36).

[26] 王乃静,路晶.会展经济——中国经济发展的新增长点[J].经济与管理评论,2006,22(4).

[27] 马永强,马丕玉.山东会展经济发展的经济地理定位研究[J].经济与管理评论,2006,22(5).

[28] 张纯记.中国会展经济的发展现状、问题与对策[J].北京市经济管理干部学院学报,2006,21(2).

[29] 刘慎河.国际会展业引发的思考——探析我国会展业的发展之路[J].江苏商论,2006(8).

[30] 李玉辉.九大经济亮点释疑[J].中学文科:高中,2006(3).

[31] 高珊.朝阳产业的操手——会展商务师[J].21世纪,2006(8).

[32] 周贸.中国国际纺织机械展览会CITME蜚声海内外[J].纺织服装周刊,2006(1).

[33] 陈靖.我国会展业政治功能的研究与思考[J].中国外资,2006(9).

［34］秦瑞鸿.节庆旅游产业对城市经济、社会的影响——以山东潍坊市节庆活动为例[J].商场现代化,2007(8).

［35］胡巍.中国会展业发展趋势浅析[J].浙江工商职业技术学院学报,2007,6(3).

［36］闫娜.山东加快会展业发展的对策研究[J].科技信息:科学教研,2008(18).

［37］陈彦丽.中国会展业发展存在的问题与对策[J].学理论,2008(10).

［38］黄玉妹.展览经济的困境及路径选择[J].上饶师范学院学报,2008,28(2).

［39］王丽琼,王铁骊.中国会展经济的现状与SWOT分析[J].科技情报开发与经济,2008,18(1).

［40］韩立民,林超,陈自强.青岛市新世纪发展战略与青岛新加坡经贸合作展望[J],珠江经济,2008(7).

［41］宋养琰.国企改革30年[J].经济研究导刊,2008(12).

［42］荆林.国外展会业五大趋势"竞领风骚"[J].中国林业产业,2008(1).

［43］夏松涛.新中国会展业的发展历程及其经验启示[J].当代中国史研究,2009(5).

［44］高春梅.加快发展我国会展产业的对策研究[J].科技信息,2009(23).

［45］屈雪莲,过聚荣.上海浦东建设世界级会展中心的差距诊断[J].上海管理科学,2009,31(2).

［46］王克林.对新疆会展业发展的几点思考[J].新疆大学学报:哲学·人文社会科学版,2009,37(3).

［47］张静,朱红兵.基于文化角度的节庆旅游研究——以中国(曲阜)国际孔子文化节为例[J].浙江旅游职业学院学报,2010(4).

［48］方忠.改革开放以来海峡西岸经济区会展业发展新探——基于SWOT理论的分析[J].福建师大福清分校学报,2010(3).

［49］郭先登.关于山东半岛蓝色经济区发展的研究[J].青岛职业技术学院学报,2010,23(1).

［50］龙飞宇.我国会展业发展对策探讨[J].商业经济,2011(7).

[51] 李勇军. 展会组织网络的治理分析[J]. 商业研究，2012(3).

[52] 罗绮琦. 我国会展场馆建设现状与发展前景探析[J]. 旅游纵览月刊，2012(6).

[53] 王方. 试论北京市怀柔区会展业的发展[J]. 改革与开放，2012(20).

[54] 杨卫东. 国企改革与“再国有化”反思[J]. 华中师范大学学报：人文社会科学版，2013，52(1).

[55] 宗刚，赵晓东. 啤酒节对主办城市的影响效益分析——慕尼黑啤酒节与青岛啤酒节的比较[J]. 旅游学刊，2013，28(5).

[56] 王宏宇，张宗讯. 山东省发展对外贸易的 SWOT 分析[J]. 江苏商论，2013(1).

[57] 高扬. 国外展览业发展经验及对中国展览业的启示[J]. 经济研究导刊，2014(36).

[58] 李恒杰. 云南会展经济发展政策建议研究[J]. 时代金融，2014(5).

三、学位论文

[1] 叶洪涛. 中国会展业发展研究[D]. 武汉：武汉大学，2004.

[2] 王新刚. 中国会展经济研究[D]. 长春：吉林大学，2004.

[3] 刘锡田. 中国地方政府竞争的制度基础与创新[D]. 南昌：江西财经大学，2004.

[4] 董姗姗. 中国会展业的产业聚集和产业竞争力研究[D]. 北京：北京工业大学，2005.

[5] 李新玉. 北京市会展业产业组织理论分析[D]. 北京：首都经济贸易大学，2006.

[6] 马光伟. 山东省会展经济发展问题研究[D]. 济南：山东大学，2006.

[7] 张昕. 中国展览业的品牌战略——国外经验与改进措施[D]. 北京：对外经济贸易大学，2006.

[8] 赵树海. 中国地方政府不良竞争及其治理[D]. 长春：东北师范大学，2006.

[9] 范艳丽. 长春市会展经济发展研究[D]. 长春：东北师范大

学，2007.

[10] 薛华.我国现代会展业发展的对策研究[D].南昌：南昌大学，2007.

[11] 陈超.中部地区会展经济发展途径研究[D].南昌：南昌大学，2007.

[12] 刘术.廊坊市体育产业结构分析与评价研究[D].天津：天津大学，2007.

[13] 张纪周.我国会展业发展研究[D].长春：吉林大学，2008.

[14] 兰婷.城市展览业发展的地理条件分析[D].广州：广州大学，2010.

[15] 吕志斌.呼和浩特地区会展业发展中的政府行为研究[D].呼和浩特：内蒙古大学，2010.

[16] 田珂.深圳会展建筑发展状况研究[D].广州：华南理工大学，2011.

[17] 卢丽君.中国会展业发展的战略研究[D].大连：辽宁师范大学，2011.

[18] 胡立菲.冷战后中国公共外交与国家形象的塑造[D].上海：复旦大学，2012.

[19] 刘亮.基于国际展览会的暂时性集群发展研究[D].上海：华东师范大学，2012.

[20] 王苑.苏州会展业经营管理研究——以苏州国际博览中心为例[D].苏州：苏州大学，2012.

[21] 梁明明.滨海新区文化产业研究[D].天津：天津财经大学，2012.

四、报纸文章

[1] 熊训林.谁发出了邀请？[N].中国包装报，2001-10-1.

[2] 林娜.中国会展业在碰撞中的发展（上）[N].国际商报.2002-8-7.

[3] 汪祥荣.会展城市展开新一轮竞争[N].经济日报，2003-11-7.

[4] 韩立新.从一枝独秀到万紫千红[N].中国特产报，2004-4-16.

[5] 韩立新.风筝牵线放飞潍坊会展经济[N].国际商报，2004-4-21.

[6] 万季飞.展览业要更好地发挥“行业发展的风向标”作用[N]，中

国贸易报.2004-9-28.

［7］于航.如何做大会展经济这块“蛋糕”［N］.牡丹江日报，2006-1-25.

［8］文言.中国会展经济研究会将举行成立大会［N］.中国贸易报，2006-2-14.

［9］张会.中国会展经济研究会周末高调亮相［N］.国际商报，2006-2-15.

［10］刘方会.做大做强山东会展业如箭在弦［N］.中国贸易报.2006-9-5.

五、其他

［1］王丰国.对烟台市会展旅游开发问题的几点思考［C］//烟台：烟台中心城市发展研究.2007.

［2］马勇，梁圣蓉.改革开放三十年中国会展业发展的回顾与展望［C］//北京：中国会展经济研究会学术年会.2009.

后　记

这是本人的第二本著作，在我的博士论文《山东会展业发展研究(1990～2014)》的基础上做了一些修改，最后定名为《山东会展业发展的文化探究》。笔者自 2011 年年底开始博士生学习，2017 年 3 月参加答辩并获得山东大学历史学博士学位。回顾我的博士研究生生涯，在职博士生与普通全日制学生最大的不同就是，在不影响正常工作的情况下要完成全部的学业，读博的这段时间累并快乐着，也有太多的人需要感谢。

选定这样一个研究方向，首先要感谢的是我的博士学位指导老师王育济教授。作为中国文化产业管理学科开创者和奠基人之一，王育济教授在 2006 年为山东省人民政府主办的“首届山东(国际)文化产业博览会”提出了主题词“文化・创意・财富”，因其准确表达了文化产业的基本内涵而受到广泛好评，并为 2008 年“第二届山东国际文化产业博览会”连续使用。可以说，王育济老师前瞻性的学术思想为我的论文指明了一条研究道路。

会展业是国际公认的“触摸世界的窗口”和“城市的面包”，是城市通往世界大舞台、参与世界竞争的桥梁，是反映国民经济发展状况的“晴雨表”，并且因其增长快、效率高的特点更成为促进一个国家或地区经济发展的“助推器”。作为 21 世纪的朝阳产业，会展业是符合可持续发展原则的“朝阳产业”，有利于推动我国当前的经济转型发展和精神文明建设。改革开放 40 余年以来，中国的会展业逐步发展并日益走向成熟和规范。尤其是进入 21 世纪之后的 10 余年间，中国的会展业进入快速发展期，形成了一批具有国际影响力的会展品牌。王老师洞察文化产业发展的基本趋势，在我入学不久就建议我关注和研究会展业。

同时，这项研究又和我的行政管理工作结合在了一起。山东省地处经济发达的东部沿海地区，经济总量和人均消费能力都处于全国前列，悠久的历史、深厚的文化底蕴和丰富的文化资源，以及相对完善的基础设施、便利的交通条件等，都为山东省会展业的发展奠定了良好基础。近年来，山东省不断推动产业结构转型，加大传统制造业向第三产业特别是文化产业的转型升级力度。会展业作为文化产业的重要组成业态，其重要性不言而喻。成功举办山东省文博会、全运会等各种大型综合展会与节庆活动，从一定程度上提高了山东全省的会展场馆数量和质量，加强了与会展相关服务业的配套建设，提升了山东省的会展承办能力，为今后举办大型会展积累了宝贵经验。从学理上对山东会展业的发展进行系统研究，总结经验正视问题，也是我的工作职责所在。

我的导师王育济教授，无论是在我攻读博士学位早期的理论学习阶段，还是在中后期的论文选题、撰写阶段，都以其敏锐的学术眼光和深厚的理论功底给予我精心的指导和帮助。王老师严谨的治学态度、深邃的洞察力，给了我无穷的启迪，使我受益终生；王老师长期以来对我的关心、帮助和指导，更让我万分感激。可以说，王育济老师不仅是我知识上的恩师，更是我人生道路上的向导。他的悉心指导，对我从事的文化产业行政工作多有启发。

感谢山东大学历史文化学院赵兴胜、张友臣教授等在论文开题、中期报告和论文写作中给予的具有重要指导意义的意见和建议。感谢中国社科院于化民教授，山东师范大学田海林、张冠文教授，山东大学谭好哲、顾銮斋、赵兴胜、刘玉平教授等答辩委员给予的肯定和学术建议。感谢山东大学文化产业研究院的昝胜锋博士，他所在的青年团队对本文的框架形成、理论观点提供了许多极有价值的意见和建议。感谢陈旭、白兴勇为论文的修改完善做出的贡献和努力。

怀有学术理想，此为十年一梦，一梦十年。自 2006 年从事文化产业管理工作以来，十多年来，我遇到了很多热心帮助我的师长、同事和同学，他们给了我很多帮助、建议和中肯的意见，在这里，我向他们致以最真诚的谢意，特别要感谢原山东省文化厅王磊厅长、李国琳副厅长对我学术研究和管理工作长期以来的帮助和关怀。感谢风雨之中的同行者，我的同事们与我风雨同舟，在工作上给了我莫大的支持。我们的并肩前行也在很多时候增添了我坚持下去的力量。

感谢我已远在天堂的父亲和母亲，他们坚强而豁达的性格和生前从不间断的慰勉一直是我在自己人生路上不断前行的最大动力。最后，感谢我的妻子和女儿，她们承担了我在写作期间的所有家务和生活琐事。为了我的学业她们一直在无怨无悔地付出，感谢她们对我的理解、支持和宽容。

产业兴国百年梦，江湖夜雨十年灯。但愿这本集本人近十年工作经历和数年研究成果的册子能为业者提供些许参考和启示，为山东文化产业的发展尽己微薄之力。学识有限，不当之处恳请各位读者批评指正。

刘显世

2019 年 6 月